COLECCIÓN
AVANZA EJERCICIO A EJERCICIO

Pierre Rigollet

Microsoft®

EXCEL

Macros y programación con VBA

97 ejercicios y soluciones

2ª edición

ISBN: 978-2-409-04775-6
Edición original: 978-2-409-04176-1

Editions ENI

Pº Ferrocarriles Catalanes, 97-117, 2ª pl. of. 18
08940 - Cornellà de Llobregat (Barcelona)
Tel: 934 246 401
Fax: 934 231 576

e-mail: info@ediciones-eni.com
http://www.ediciones-eni.com

Autor: Pierre RIGOLLET
Edición española: Desirée RIVERA TOLEDANO
y Andrea GARCÍA VEGA
Colección dirigida por Corinne HERVO

PREFACIO

Este libro no es un manual de formación como los demás: no es un libro de autoformación, ni un manual de referencia, ni siquiera es un manual práctico.

ES UN LIBRO DE EJERCICIOS: en él se proponen enunciados de diversos ejercicios junto a sus correspondientes correcciones y pone así a su disposición una batería completa de ejercicios: los formadores encontrarán en él nuevos ejercicios para proponer a sus alumnos, los usuarios podrán practicar con sus programas preferidos (Word, Excel, etc.). Por tanto, resulta muy aconsejable conocer las funciones esenciales de los programas (o de versiones anteriores de los mismos) antes de abordar los diferentes ejercicios que se proponen.

Los ejercicios se han agrupado por temas: macros grabadas, funciones personalizadas, estructuras condicionales, bucles, introducción de datos y visualización de resultados, operaciones en los rangos, operaciones en las hojas y en los libros, procedimientos de eventos y formularios; en todos los temas se presenta una tabla que recapitula funciones o instrucciones de macros necesarias para realizar los ejercicios. Todos los enunciados indican la finalidad de la macro que se realizará o presentan el resultado que se obtendrá en forma de cuadro de diálogo y/o hojas de cálculo. Al final de cada enunciado encontrará el número de página donde encontrar la correspondiente corrección.

Las correcciones se agrupan al final de la obra. Son diversas indicaciones que le ayudarán a llevar a cabo el ejercicio: **Las acciones** a realizar y **El código** a introducir en las diferentes etapas.

Algunos ejercicios requieren que se use un archivo. Cuando es así, se señala con la indicación : puede descargar los archivos desde el sitio web de Ediciones ENI en la siguiente dirección: https://www.ediciones-eni.com

Procedimiento para la descarga:

- Acceda a su navegador (Internet Explorer, Edge o Mozilla Firefox).
- Escriba la siguiente dirección en la **barra de direcciones**: **http://www.ediciones-eni.com**
- Escriba la referencia **PO365EXCMP** en el motor de búsqueda y pulse **OK**. Pulse el título del libro y, a continuación, haga clic en el botón **Descargar complementos**.
- Indique su dirección de correo electrónico y pulse **OK**. Si es necesario, pulse el enlace para la descarga.

- Pulse el botón **Abrir** del cuadro de diálogo que aparecerá en pantalla: se mostrará una ventana que contiene la carpeta **PO365EXCMP**.
- Pulse el enlace o el botón **Extraer todo**: el asistente **Extraer carpetas comprimidas** aparecerá en pantalla.
- Si es necesario, pulse el botón **Examinar** para escoger otra carpeta en la que guardar los archivos.
- A continuación, pulse **Siguiente** (o **Extraer**).
- Cierre las ventanas.

Asimismo, puede solicitar estos archivos por e-mail. Para ello, envíenos un correo a comercial@ediciones-eni.com con el asunto **Archivos descargables de Avanza ejercicio a ejercicio Excel - Macros y programación en VBA (2ª edición)**. Se los enviaremos de forma gratuita a la dirección de correo electrónico que nos indique.

AVANZA EJERCICIO A EJERCICIO

EXCEL - Macros y programación con VBA

	ENUNCIADOS	SOLUCIONES
MACROS GRABADAS	5	117
FUNCIONES PERSONALIZADAS	11	133
ESTRUCTURAS CONDICIONALES	21	139
BUCLES	35	151
ENTRADA DE DATOS - VISTA DE RESULTADOS	49	161
EJERCICIOS CON RANGOS	61	169
EJERCICIOS EN HOJAS Y LIBROS	81	181
PROCEDIMIENTOS DE EVENTOS	93	191
LOS FORMULARIOS	105	201

AVANZA EJERCICIO A EJERCICIO

EXCEL - Macros y programación con VBA

ENUNCIADO 1

MACROS GRABADAS

PROPIEDADES/FUNCIONES/PALABRAS CLAVE UTILIZADAS 6

1. Macro de selección de columnas 7
2. Macro de impresión 8
3. Macro de filtrado de lista 9
4. Macro de formato de los títulos 10
5. Añadir un botón a la barra de herramientas Acceso rápido. 10

MACROS GRABADAS

PROPIEDADES/FUNCIONES/PALABRAS CLAVE UTILIZADAS

	EJERCICIO N°				
	1	2	3	4	5
Botones	●	●			
Barra de herramientas de Acceso rápido (añadir botón)					●
ActiveSheet			●		
ActiveWorkbook	●				
AutoFilter			●		
Borders				●	
Font				●	
Range	●	●	●		
Selection		●	●	●	
Select	●	●	●		
Sort	●				
With	●			●	

MACROS GRABADAS

1. Macro de una lista de datos

 MacrosGrabadas.xlsx

La lista de empleados se encuentra en la hoja **ORDENAR** del libro Excel, cuyas primeras filas se muestran a continuación.

	A	B	C	D	E	F
1	APELLIDO	NOMBRE	EQUIPO	FECHA DE INICIO	SUELDO	PRIMA
2	ARMAND	Jean-baptiste	CALIDAD	19/11/2017	1.626,00 €	195,12 €
3	BERTALAN	Solange	PRODUCCIÓN	28/10/2013	2.800,00 €	336,00 €
4	BEURET	Virginia	CALIDAD	13/09/2020	1.983,00 €	237,96 €
5	BEURET	Julie	PRODUCCIÓN	12/03/2011	1.705,00 €	204,60 €
6	BLANCHE	Madeleine	MANTENIMIENTO	09/10/2012	1.890,00 €	226,80 €
7	BONHERT	Romy	PRODUCCIÓN	05/11/2010	1.507,00 €	180,84 €
8	BOST	Isabelle	PRODUCCIÓN	10/03/2021	1.750,00 €	210,00 €
9	BOUSSY	Edith	PRODUCCIÓN	18/01/2021	1.653,00 €	198,36 €
10	BOUTON	Melissa	PRODUCCIÓN	17/06/2016	1.750,00 €	210,00 €
11	BRAGANCE	Armand	MANTENIMIENTO	19/09/2017	1.750,00 €	210,00 €
12	BRILLANT	Michel	PRODUCCIÓN	12/06/2019	1.719,00 €	206,28 €
13	BUSSAC	Emile	MANTENIMIENTO	13/07/2016	1.750,00 €	210,00 €
14	CABANNE	Rudy	PRODUCCIÓN	02/05/2014	1.750,00 €	210,00 €
15	CAU	Carole	PRODUCCIÓN	10/05/2012	1.626,00 €	195,12 €
16	CAUMARTIN	Jean-francois	PRODUCCIÓN	16/06/2018	1.750,00 €	210,00 €
17	CHARDONNET	Pascale	PRODUCCIÓN	11/04/2015	2.046,00 €	245,52 €
18	CHAVAGNEUX	Victor	CALIDAD	07/01/2017	2.405,00 €	288,60 €
19	CHEVIGNAC	Jean-claude	PRODUCCIÓN	20/10/2010	1.653,00 €	198,36 €

Cree, con ayuda de la grabadora de macros, dos macros para ordenar indistintamente la lista:

- por orden alfabético de nombres;
- por sueldos decrecientes.

Considere que el rango de la tabla será siempre A1:G100.

Integre dos botones en la ficha para facilitar el trabajo del operador.

SOLUCIÓN PÁG. 118

MACROS GRABADAS

2. Macro de impresión

MacrosGrabadas.xlsx

La hoja **IMPRIMIR** contiene la siguiente tabla:

	A	B	C	D	E	F	G	H
1	FICHA EMPLEADO							
2							FECHAS	FORMACIÓN
3	APELLIDO	RODRIGUEZ		FUNCIÓN	JEFE DE PROYECTO NIV. 1		20/06/2015	Grado en informática
4	NOMBRE	Rafael						
5								
6	Dirección	C/ Mallorca n°24						
7								
8	CÓDIGO POSTAL	18000		Ciudad	GRANADA			
9								
10	Tlfno.	958.24.35.64						
11	FAX							
12	MÓVIL	624.30.14.15						
13								
14								
15	EQUIPO	MÉTODOS						
16								
17	FECHAS	PUESTOS						
18	20/08/2019	JEFE DE PROYECTO						
19	21/09/2017	AUXILIAR						
20	19/12/2015	DESARROLLADOR						
21	02/10/2015	BECARIO						
22								
23								
24								
25								

El objetivo es imprimir rápidamente esta hoja de dos formas diferentes:

- solo las filas 1 a 8 y las columnas A a E
- las filas 1 a 25 de las columnas A a E.

SOLUCIÓN PÁG. 124

MACROS GRABADAS

3. Macro de filtrado de lista

 MacrosGrabadas.xlsx

La hoja **FILTRAR** contiene una tabla cuyas primeras filas presentamos a continuación.

Cree, con la grabadora de macros, tres macros que muestren, cada una, los empleados de un único servicio (PRODUCCIÓN, MANTENIMIENTO, CALIDAD).

	A	B	C	D	E	F
1	APELLIDO	NOMBRE	EQUIPO	FECHA DE INICIO	SUELDO	PRIMA
2	TULET	Sebastien	DIRECCIÓN	16/10/2018	5.900,00 €	708,00 €
3	CARRASCO	Michele	MANTENIMIENTO	22/08/2015	4.755,00 €	570,60 €
4	PERIN	Nancy	DIRECCIÓN	09/08/2010	4.227,00 €	507,24 €
5	FAISANT	Sabrina	MANTENIMIENTO	05/05/2018	4.227,00 €	507,24 €
6	BARONNET	Kelly	MANTENIMIENTO	28/05/2020	3.700,00 €	444,00 €
7	DUBOIS	Jean-marin	PRODUCCIÓN	27/10/2013	3.039,00 €	364,68 €
8	BERTALAN	Solange	PRODUCCIÓN	28/10/2013	2.800,00 €	336,00 €
9	DUFOUR	Nelly	MANTENIMIENTO	01/02/2019	2.775,00 €	333,00 €
10	CHAVAGNEUX	Victor	PRODUCCIÓN	07/01/2017	2.405,00 €	288,60 €
11	MOZET	Rachel	PRODUCCIÓN	10/03/2011	2.352,00 €	282,24 €
12	TAO	Jean-louis	PRODUCCIÓN	29/11/2015	2.141,00 €	256,92 €
13	DEGUERVILLE	Alfred	ENVIOS	29/04/2012	2.101,00 €	252,12 €
14	LECOQ	Marthe-helene	COMPRAS	08/10/2016	2.100,00 €	252,00 €
15	CHARDONNET	Pascale	MANTENIMIENTO	11/04/2015	2.046,00 €	245,52 €
16	BEURET	Virginia	MANTENIMIENTO	13/09/2020	1.983,00 €	237,96 €
17	BLANCHE	Madeleine	PRODUCCIÓN	09/10/2012	1.890,00 €	226,80 €
18	RUALIN	Jerome	PRODUCCIÓN	30/10/2010	1.857,00 €	222,84 €

SOLUCIÓN PÁG. 126

MACROS GRABADAS

4. Macro de formato de los títulos

Con frecuencia es preciso dotar de un formato uniforme los títulos de las tablas diseñadas. Diseñe una macro que permita:

- centrar horizontal y verticalmente;
- pasar automáticamente a la línea siguiente;
- formatear en negrita y enmarcar las celdas de título.

SOLUCIÓN PÁG. 127

5. Añadir un botón a la barra de herramientas Acceso rápido

Asocie a la macro de formato de títulos anteriores una herramienta que permita formatear los títulos de una tabla a partir de cualquier selección efectuada en la hoja de cálculo.

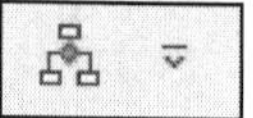

SOLUCIÓN PÁG. 130

ENUNCIADO 2

FUNCIONES PERSONALIZADAS

PROPIEDADES/FUNCIONES/PALABRAS CLAVE UTILIZADAS 12
1. Funciones personalizadas 14

FUNCIONES PERSONALIZADAS

PROPIEDADES/FUNCIONES/PALABRAS CLAVE UTILIZADAS

	EJERCICIO N°												
FUNCIONES PERSONALIZADAS	1	2	3	4	5	6	7	8	9	10	11	12	13
Application.Volatile							●	●					
CDate												●	
Cells							●	●					
Const			●										
CountIf									●				
Currency	●		●										
Date											●	●	
For Each							●	●					
For...Next												●	
Format													●
If								●		●			
Int													
Integer		●							●			●	
Instr								●					
Left										●			
Len										●			
Mid										●			
Range							●	●	●				
Right										●			
Select case				●									
Single	●	●			●	●	●		●				
String										●			
UCase								●					
Variant													

FUNCIONES PERSONALIZADAS

	EJERCICIO N°												
FUNCIONES PERSONALIZADAS	1	2	3	4	5	6	7	8	9	10	11	12	13
WeekDay												●	
WorksheetFunction					●	●							

FUNCIONES PERSONALIZADAS

1. Funciones personalizadas

 FuncionesPerso.xlsm

EJERCICIO N°1

Cree una función que permita calcular el importe neto de un precio introduciendo el precio y porcentaje de descuento expresado en %.

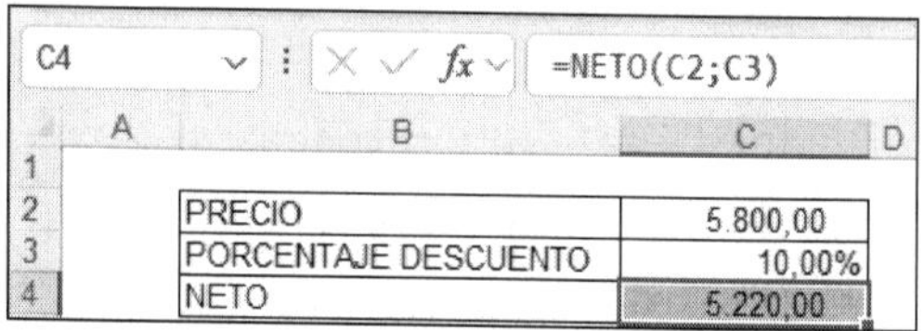

C4 =NETO(C2;C3)

	A	B	C	D
1				
2		PRECIO	5.800,00	
3		PORCENTAJE DESCUENTO	10,00%	
4		NETO	5.220,00	

SOLUCIÓN PÁG. 134

EJERCICIO N°2

Cree una función que permita calcular la velocidad media de un vehículo a partir de la distancia recorrida y de la duración del tiempo de trayecto .

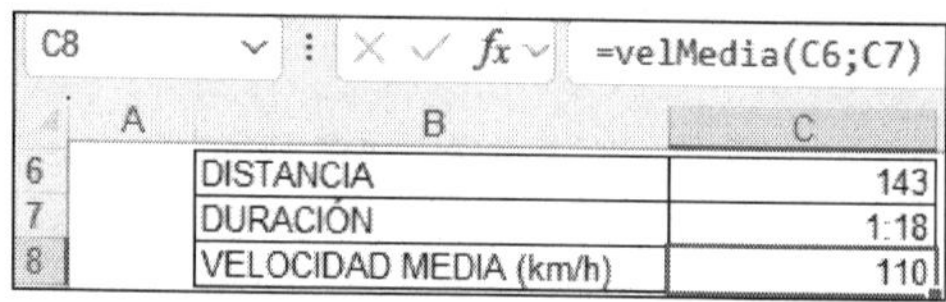

C8 =velMedia(C6;C7)

	A	B	C
6		DISTANCIA	143
7		DURACIÓN	1:18
8		VELOCIDAD MEDIA (km/h)	110

SOLUCIÓN PÁG. 134

FUNCIONES PERSONALIZADAS

EJERCICIO N°3

Cree una función que permita calcular un importe de las tasas aplicadas a los productos importados. El coste de dichas tasas incluye un importe global de 100 Euros +3 % del valor de los productos.

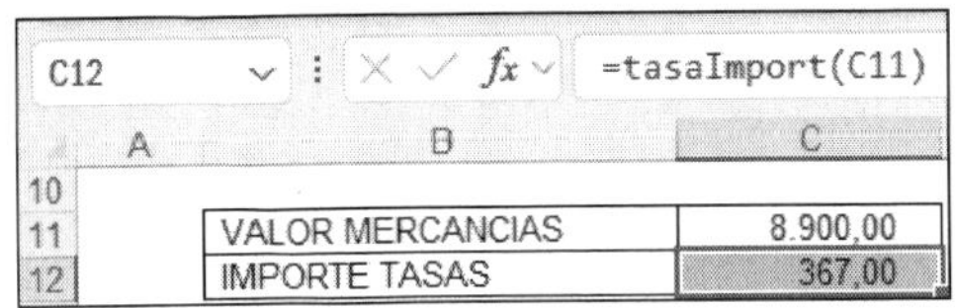

SOLUCIÓN PÁG. 134

EJERCICIO N°4

Cree dos funciones que permitan calcular el total en función de la cantidad y del baremo que aparece a continuación.

CANTIDADES	PRECIO UNITARIO
De 1 a 100	2,30 €
De 101 a 300	2,00 €
De 301 a 500	1,90 €
De 501 a 800	1,75 €
De 801 a 1000	1,60 €
De 1001 a +	1,45 €

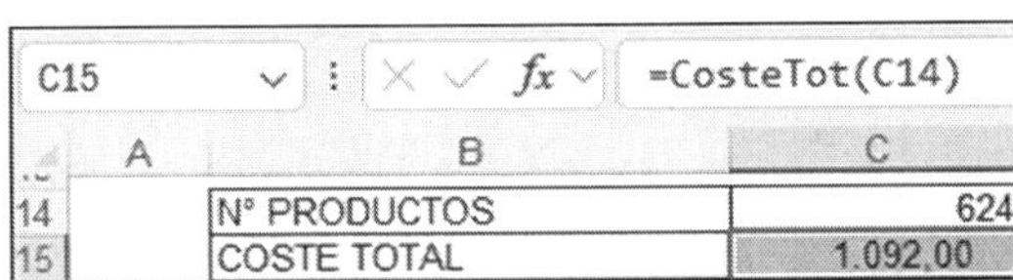

SOLUCIÓN PÁG. 135

EJERCICIO N°5

Cree una función que permita calcular el volumen de una esfera a partir de su radio.

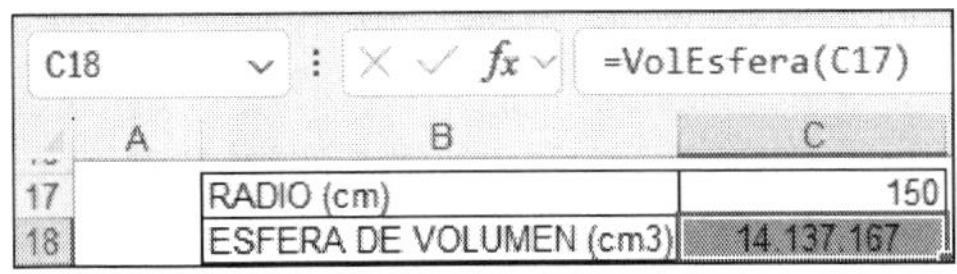

SOLUCIÓN PÁG. 135

FUNCIONES PERSONALIZADAS

EJERCICIO N°6

Cree una función que permita calcular el peso de una esfera a partir de su radio y del peso de su envoltura por m².

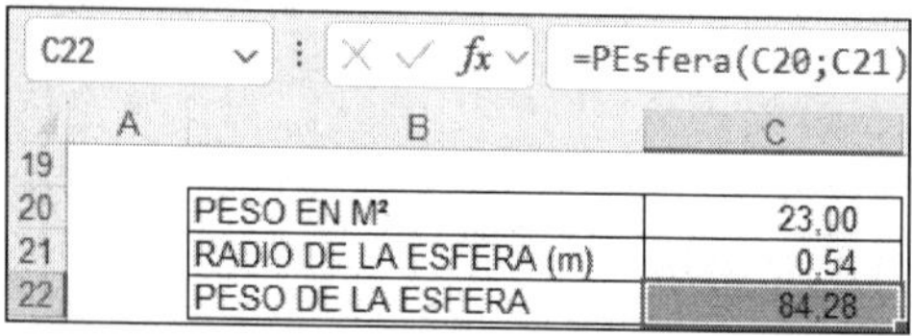

C22 =PEsfera(C20;C21)

	A	B	C
19			
20		PESO EN M²	23,00
21		RADIO DE LA ESFERA (m)	0,54
22		PESO DE LA ESFERA	84,28

SOLUCIÓN PÁG. 135

EJERCICIO N°7

Cree dos funciones que permitan calcular el total y el número de valores formateados en negrita y en cursiva.

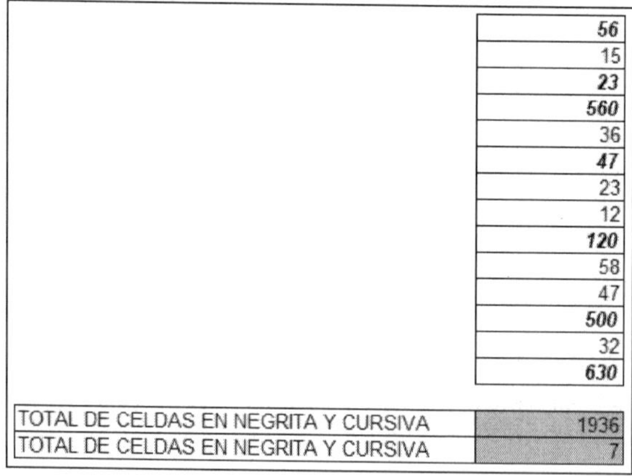

	56
	15
	23
	560
	36
	47
	23
	12
	120
	58
	47
	500
	32
	630
TOTAL DE CELDAS EN NEGRITA Y CURSIVA	1936
TOTAL DE CELDAS EN NEGRITA Y CURSIVA	7

SOLUCIÓN PÁG. 136

FUNCIONES PERSONALIZADAS

EJERCICIO N°8

Cree una función que permita calcular el número de celdas que contiene un texto determinado.

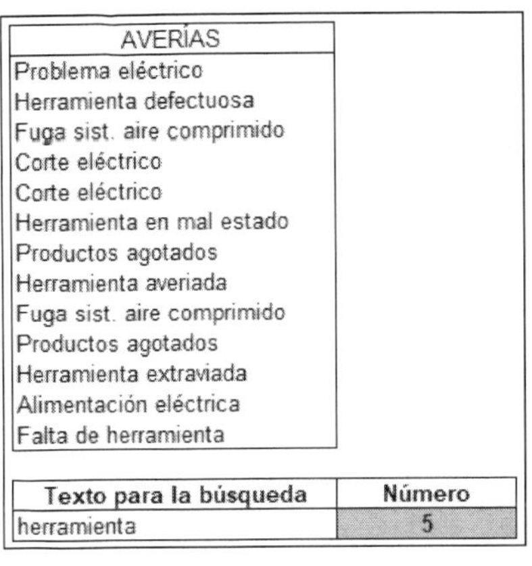

AVERÍAS
Problema eléctrico
Herramienta defectuosa
Fuga sist. aire comprimido
Corte eléctrico
Corte eléctrico
Herramienta en mal estado
Productos agotados
Herramienta averiada
Fuga sist. aire comprimido
Productos agotados
Herramienta extraviada
Alimentación eléctrica
Falta de herramienta

Texto para la búsqueda	Número
herramienta	5

SOLUCIÓN PÁG. 137

EJERCICIO N°9

Cree una función que permita calcular el número de valores comprendidos entre dos límites.

SUELDOS
3.471,00
4.641,00
2.228,00
1.680,00
3.376,00
4.547,00
3.721,00
3.469,00
4.374,00
3.070,00
3.885,00
2.372,00

N° de sueldos comprendidos entre	2500	Y	3500
	4		

SOLUCIÓN PÁG. 137

FUNCIONES PERSONALIZADAS

EJERCICIO N°10

Ha importado fechas a partir de un gran sistema informático. Las fechas están en formato AAAAMMDD.

Cree una función que permita transformar estas fechas aplicándoles el formato DD/MM/AAAA.

FECHAS IMPORTADAS	FECHAS CORREGIDAS
20230115	15/01/2023
20230116	16/01/2023
20230117	17/01/2023
20230211	11/02/2023
20230212	12/02/2023
20230213	13/02/2023
20230301	01/03/2023
20230302	02/03/2023
20230303	03/03/2023
20230422	22/04/2023
20230423	23/04/2023
20230424	24/04/2023
20230425	25/04/2023

La columna **FECHAS CORREGIDAS** debe tener el formato DD/MM/AAAA en la tabla.

SOLUCIÓN PÁG. 137

FUNCIONES PERSONALIZADAS

EJERCICIO N°11

Cree una función para calcular la antigüedad de una persona.

FECHA	04/08/2024

EMPLEADOS	FECHA DE INICIO	ANTIGÜEDAD
Julie	30/08/2009	14
Kelly	07/06/2012	12
Sebastien	22/06/2012	12
Marine	03/12/2019	4
Emile	05/03/2011	13
Virginia	15/11/2020	3
Rudy	30/11/2015	8
Marlene	07/08/2009	14
Lucien	05/08/1998	25
Olivera	21/05/2018	6
Carole	14/07/2015	9
Josette	06/08/1999	24

SOLUCIÓN PÁG. 138

EJERCICIO N°12

Cree una función que permita calcular el número de días (exceptuando los fines de semana) comprendido entre dos fechas.

INICIO	FIN	N° días semana
17/10/2023	27/10/2023	9
11/06/2023	18/06/2023	5
29/09/2023	19/10/2023	15
28/11/2023	07/12/2023	8
25/11/2023	09/12/2023	10
28/10/2023	09/11/2023	9
08/10/2023	16/10/2023	6
26/06/2023	10/07/2023	11
13/09/2023	04/10/2023	16
24/07/2023	04/08/2023	10
11/11/2023	18/11/2023	5
15/08/2023	08/09/2023	19

SOLUCIÓN PÁG. 138

FUNCIONES PERSONALIZADAS

EJERCICIO N°13

Cree una función que permita calcular la franja horaria de la hora de inicio de un empleado.

Fecha de inicio	Franja horaria
8:25	08:00-09:00
16:04	16:00-17:00
20:52	20:00-21:00
8:24	08:00-09:00
18:43	18:00-19:00
19:40	19:00-20:00
7:26	07:00-08:00
6:57	06:00-07:00
16:19	16:00-17:00
20:24	20:00-21:00
13:12	13:00-14:00
16:19	16:00-17:00

SOLUCIÓN PÁG. 138

ENUNCIADO 3

ESTRUCTURAS CONDICIONALES

PROPIEDADES/FUNCIONES/PALABRAS CLAVE UTILIZADAS 22
1. Comparación de edades 24
2. Comparación de edades versión mejorada 24
3. Evaluación. 25
4. Prueba sobre tipos de datos 26
5. Cálculo de comisión 27
6. Colores en función del tipo de datos 27
7. Sectores comerciales 28
7. Comparación de números 29
9. Fechas de evaluación 30
10.¿Fechas entre semana?. 31
11.Verificación del identificador 32
12.Existencia de un número de matrícula. 33

ESTRUCTURAS CONDICIONALES

PROPIEDADES/FUNCIONES/PALABRAS CLAVE UTILIZADAS

	EJERCICIO N°											
	1	2	3	4	5	6	7	8	9	10	11	12
ActiveCell						●						
ColorIndex						●						
CountIf												●
Dim	●	●	●	●	●		●	●	●		●	●
Format										●		
If ElseIf			●									
If then else	●	●						●		●	●	●
IIf		●		●								
Inputbox							●	●	●		●	●
Integer	●	●			●		●	●				●
IsDate				●								
IsEmpty				●								
IsNumeric				●								
Len				●								
Like											●	
MsgBox	●		●	●	●		●	●	●	●	●	
Not			●	●								
Now										●		
Range	●	●	●	●	●							●
Select Case					●	●	●		●			
Single					●							
String	●	●	●	●	●				●		●	
UCase									●		●	
Value	●	●	●	●	●	●						
Variant			●									

ESTRUCTURAS CONDICIONALES

	EJERCICIO N°											
	1	2	3	4	5	6	7	8	9	10	11	12
VarType				●		●						
Weekday										●		
With						●						
WorksheetFunction												●

ESTRUCTURAS CONDICIONALES

1. Comparación de edades

 Condiciones.xlsx

Cree una macro que permita comparar la edad de dos personas.

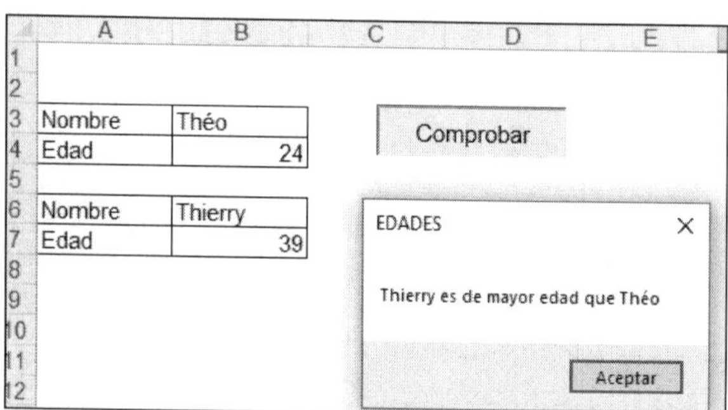

SOLUCIÓN PÁG. 140

2. Comparación de edades versión mejorada

Compare la edad de dos niños como en el ejercicio anterior teniendo en cuenta el género para acordarlo con el adjetiv.

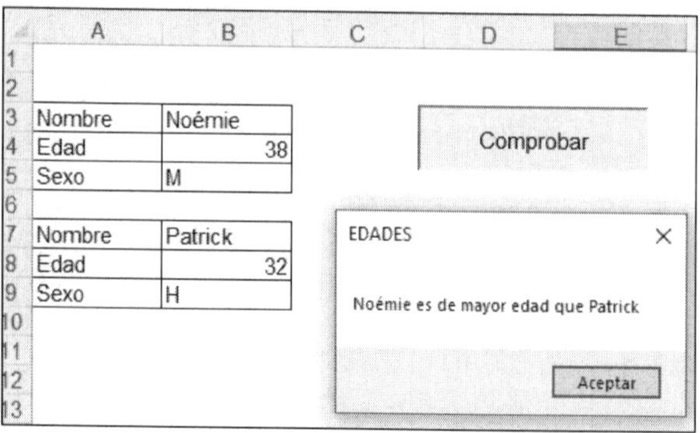

SOLUCIÓN PÁG. 141

ESTRUCTURAS CONDICIONALES

3. Evaluación

Calcule la evaluación de un alumno en función de su nota.

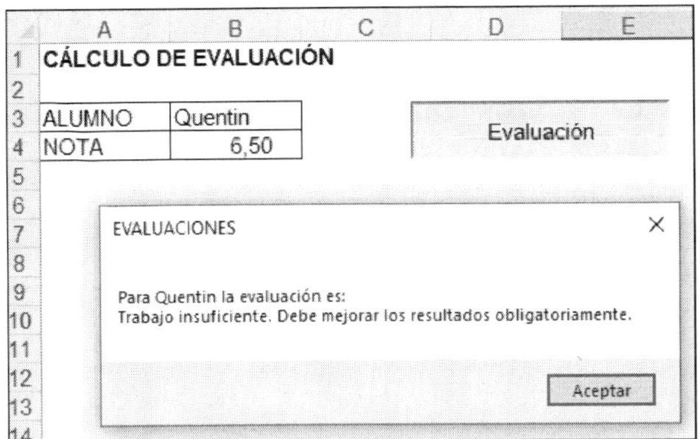

Nota < 6	Trabajo claramente insuficiente. Se recomienda cambiar de plan.
Nota entre 6 y 9.99	Trabajo insuficiente. Debe mejorar los resultados obligatoriamente.
Nota entre 10 y 14	Trabajo correcto. Continuar.
Por encima de 14	Enhorabuena.

SOLUCIÓN PÁG. 142

ESTRUCTURAS CONDICIONALES

4. Prueba sobre tipos de datos

Cree una macro que permita comprobar si los datos introducidos son conformes a los tipos solicitados.

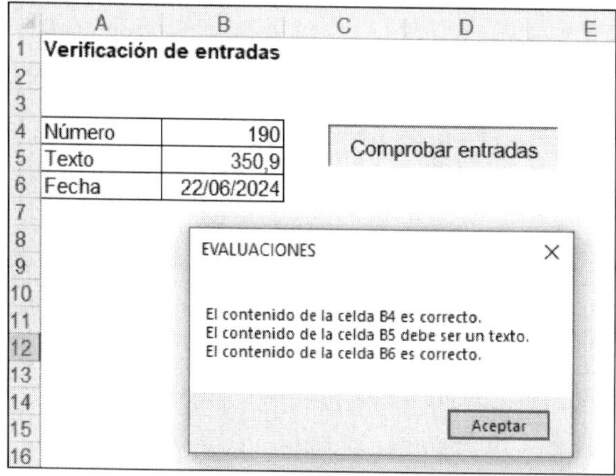

SOLUCIÓN PÁG. 143

ESTRUCTURAS CONDICIONALES

5. Cálculo de comisión

 Condiciones.xlsx

A partir de la hoja **05**, cree una macro que permita calcular el importe de la comisión que se paga a un comercial teniendo en cuenta el baremo presentado.

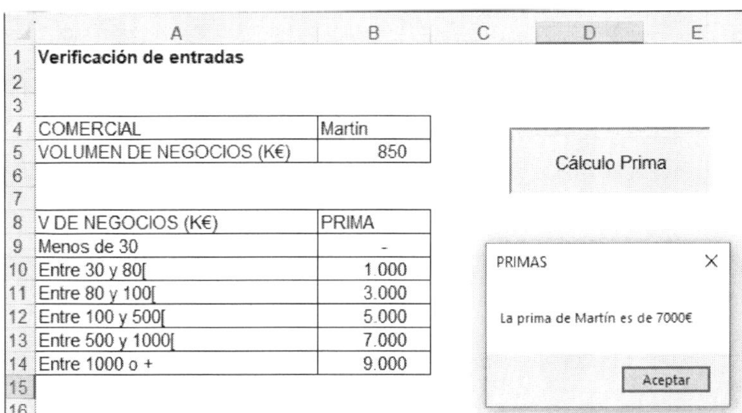

SOLUCIÓN PÁG. 144

6. Colores en función del tipo de datos

Cree una macro que permita aplicar un color a la celda activa en función de su tipo: amarilla para los números, gris para los valores monetarios, verde para las fechas, azul para el texto, roja para los errores y rosa para los valores lógicos.

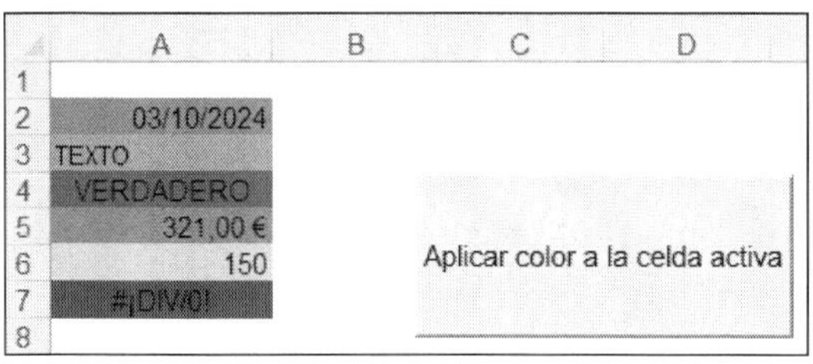

SOLUCIÓN PÁG. 145

ESTRUCTURAS CONDICIONALES

7. Sectores comerciales

Diseñe una macro que permita visualizar a qué sector comercial pertenece une provincia en una empresa.

Debe aparecer un cuadro de diálogo que invite a introducir la provincia.

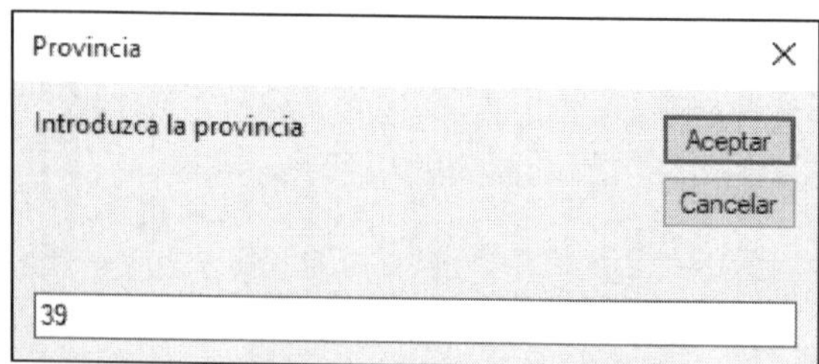

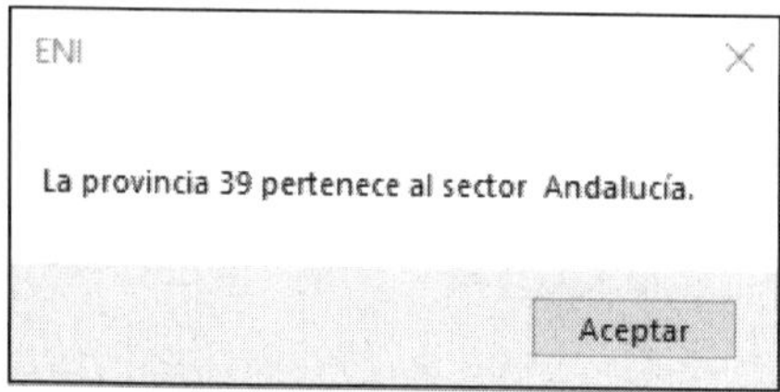

Sectores de la empresa:

13, 26, 30, 34, 83, 84: ASTURIAS

38, 42, 69, 73, 74: PAÍS VASCO

12, 31, 32, 46, 65, 81, 82: CATALUNYA

21, 25, 39, 70, 71: ANDALUCÍA

SOLUCIÓN PÁG. 145

ESTRUCTURAS CONDICIONALES

8. Comparación de números

Cree una macro que permita comparar tres valores introducidos en tres cuadros de diálogo.

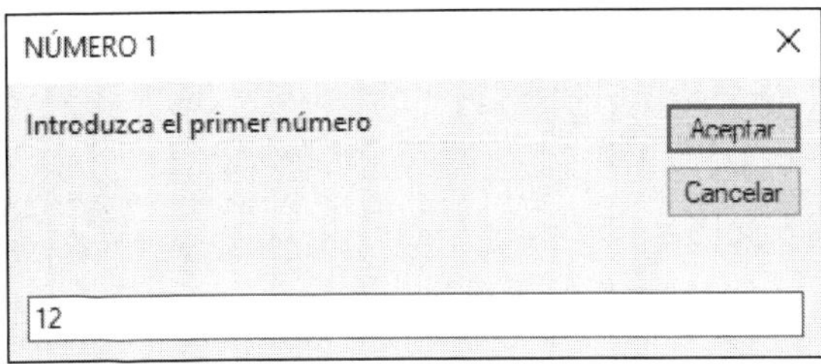

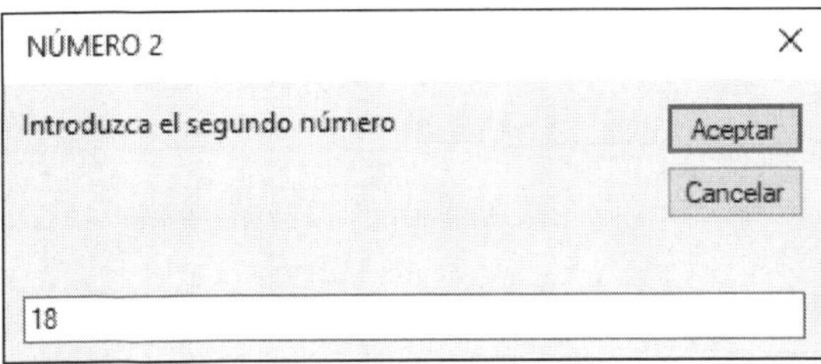

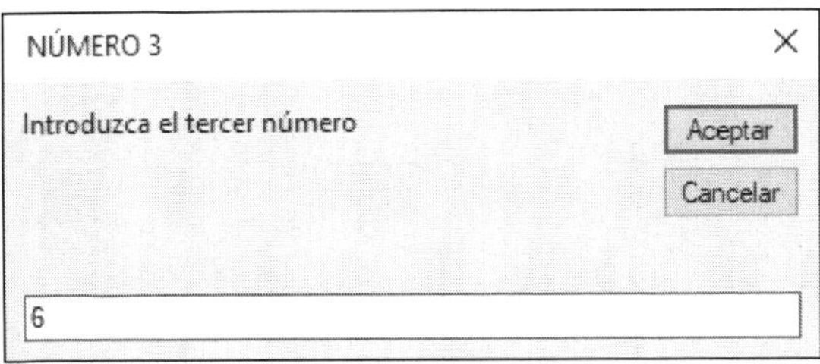

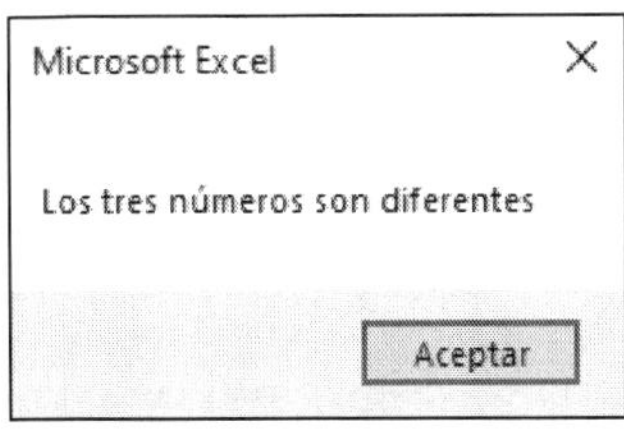

SOLUCIÓN PÁG. 146

ESTRUCTURAS CONDICIONALES

9. Fechas de evaluación

 Condiciones.xlsx

A partir de la tabla que mostramos abajo y que podrá encontrar en la hoja **09**, diseñe una macro que permita mostrar el mes de la entrevista anual cuando se introduzca la categoría de una persona.

Categorías	Mes de la entrevista
A	Abril
B	Mayo
C	Febrero
D	Abril
E	Diciembre
F	Abril
G	Abril

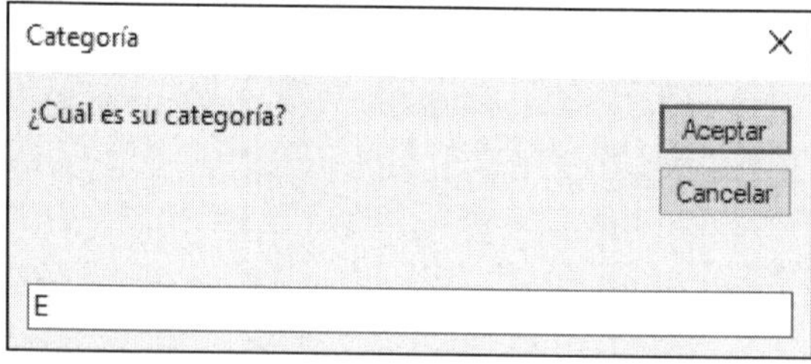

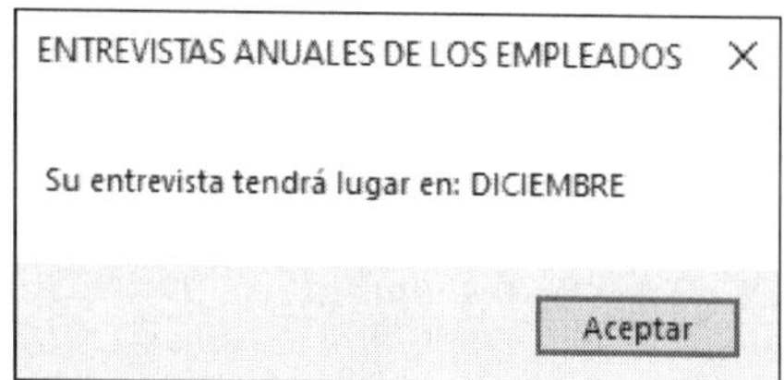

Si la categoría introducida no existe deberá aparecer un mensaje que lo indique.

SOLUCIÓN PÁG. 147

ESTRUCTURAS CONDICIONALES

10. ¿Fechas entre semana?

Diseñe una macro que permita ver uno de los dos cuadros de diálogo que presentamos a continuación.

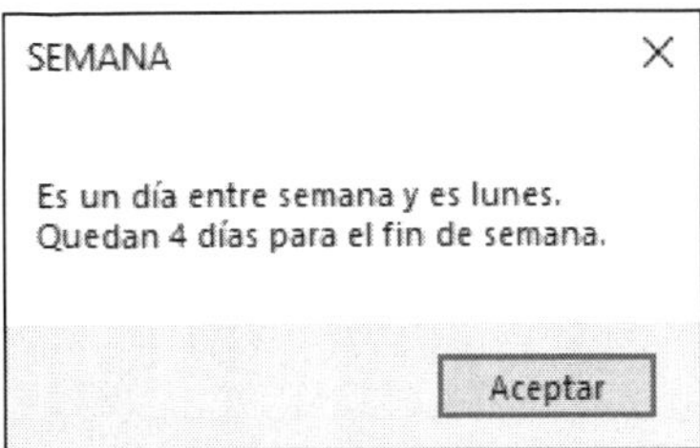

O:

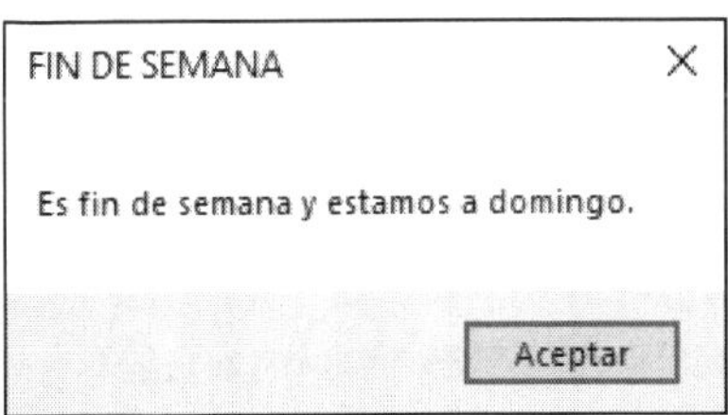

SOLUCIÓN PÁG. 148

ESTRUCTURAS CONDICIONALES

11. Verificación del identificador

Diseñe una macro que permita verificar si un identificador es correcto.

Un identificador debe estar formado por: 1 letra comprendida entre A y E, seguida de un número entre 1 y 4, seguido de un guion, seguido de una letra comprendida entre S y U, seguida de 4 cifras.

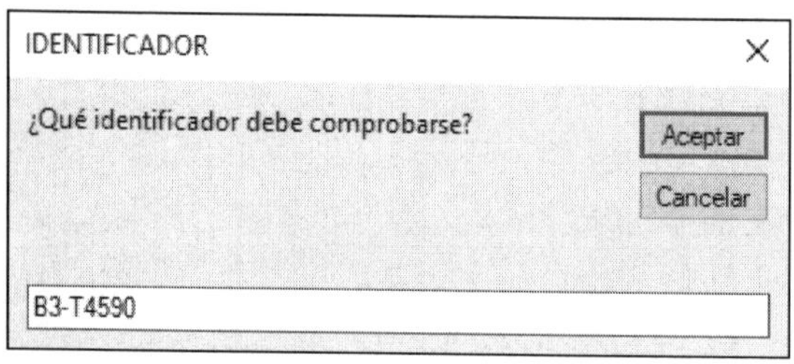

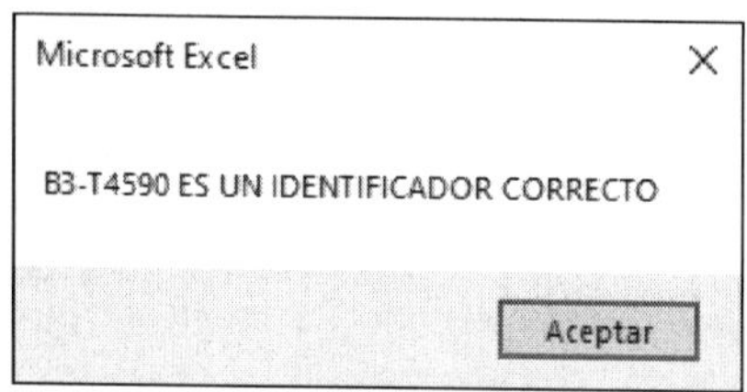

SOLUCIÓN PÁG. 149

ESTRUCTURAS CONDICIONALES

12. Existencia de un número de matrícula

La hoja **12** del libro **Condiciones.xlsx** contiene una lista de personas. Presentamos a continuación las primeras filas de dicha lista. Compruebe, a partir de la introducción de una matrícula, si esta se encuentra en la lista.

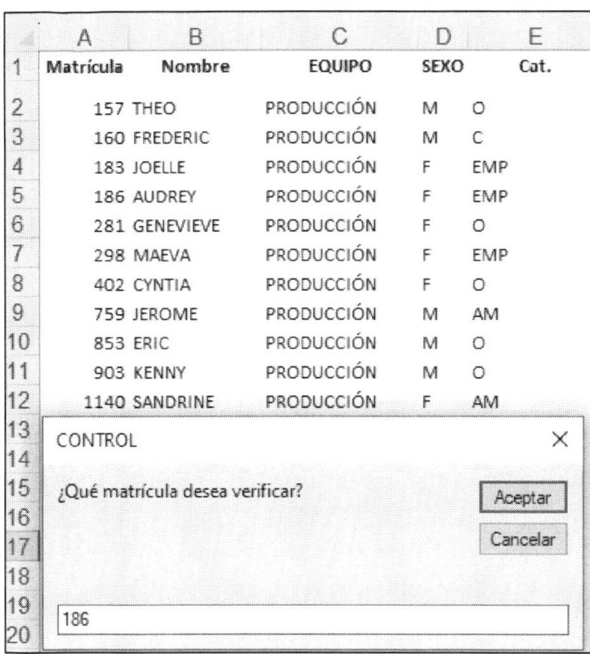

	A	B	C	D	E
1	Matrícula	Nombre	EQUIPO	SEXO	Cat.
2	157	THEO	PRODUCCIÓN	M	O
3	160	FREDERIC	PRODUCCIÓN	M	C
4	183	JOELLE	PRODUCCIÓN	F	EMP
5	186	AUDREY	PRODUCCIÓN	F	EMP
6	281	GENEVIEVE	PRODUCCIÓN	F	O
7	298	MAEVA	PRODUCCIÓN	F	EMP
8	402	CYNTIA	PRODUCCIÓN	F	O
9	759	JEROME	PRODUCCIÓN	M	AM
10	853	ERIC	PRODUCCIÓN	M	O
11	903	KENNY	PRODUCCIÓN	M	O
12	1140	SANDRINE	PRODUCCIÓN	F	AM

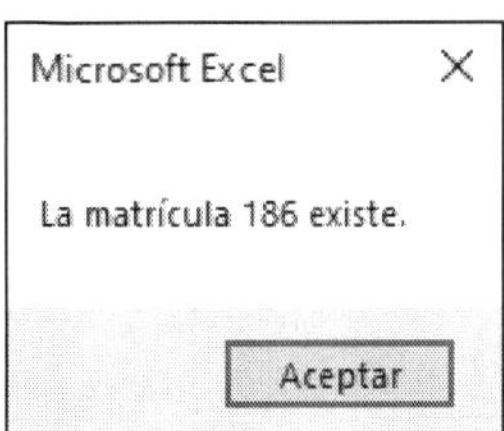

ESTRUCTURAS CONDICIONALES

ENUNCIADO 4

BUCLES

PROPIEDADES/FUNCIONES/PALABRAS CLAVE UTILIZADAS 36
1. Control de entrada de fecha 38
2. Test de cálculo 39
3. Cálculo de inversión financiera 40
4. Visualización de números 41
5. Códigos de caracteres. 42
6. Cálculos aleatorios 43
7. Aplicar un aumento. 44
8. Transformación de texto 45
9. Introducción de nombres. 45
10. Introducción de asteriscos delante de números 46
11. Formato de columnas en todas las hojas 47
12. Formato de celdas. 47

BUCLES

PROPIEDADES/FUNCIONES/PALABRAS CLAVE UTILIZADAS

	EJERCICIO N°											
	1	2	3	4	5	6	7	8	9	10	11	12
ActiveCell					●				●	●	●	
ActiveSheet											●	
Cells				●			●		●			
Chr					●							●
ColorIndex												●
Currency		●	●									
Date					●							
Dim	●	●	●	●	●	●	●	●	●		●	●
Do Until			●						●			
Do While	●	●				●	●					
For Each										●		●
For Next				●	●			●			●	
IF Then					●							
IF Then Else								●		●		
IIF						●						
InputBox	●	●	●	●	●	●	●	●	●			
Int	●					●		●				
Integer	●		●	●	●		●	●	●		●	
IsEmpty												
IsNumeric									●			
Len								●		●		
Long						●						
Loop	●	●				●	●					
Mid								●				
MsgBox	●	●				●		●		●		

BUCLES

	EJERCICIO N°											
	1	2	3	4	5	6	7	8	9	10	11	12
Randomize						●						
Range					●					●	●	●
SelectCase												
Single			●			●		●				
String			●			●		●				
UCase			●			●		●				
Value					●						●	
Variant	●								●			
With											●	●
Worksheets										●		

BUCLES

1. Control de entrada de fecha

Para calcular la antigüedad de una persona, solicite una fecha de entrada válida hasta que se haya introducido la fecha válida.

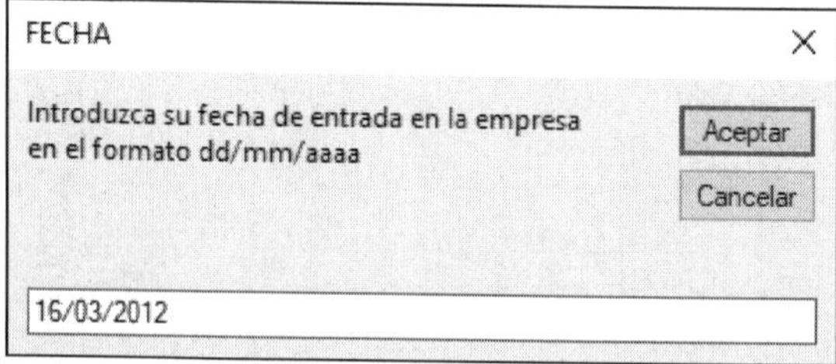

En cuanto se introduzca la fecha correcta, muestre la antigüedad:

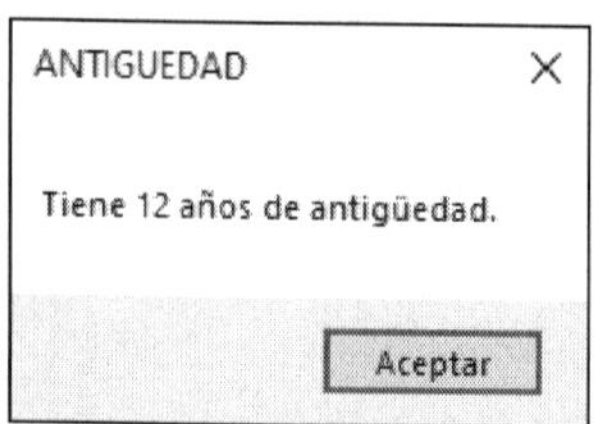

SOLUCIÓN PÁG. 152

BUCLES

2. Test de cálculo

Muestre una pregunta proponiendo el mismo test de cálculo, hasta que la respuesta introducida no sea válida.

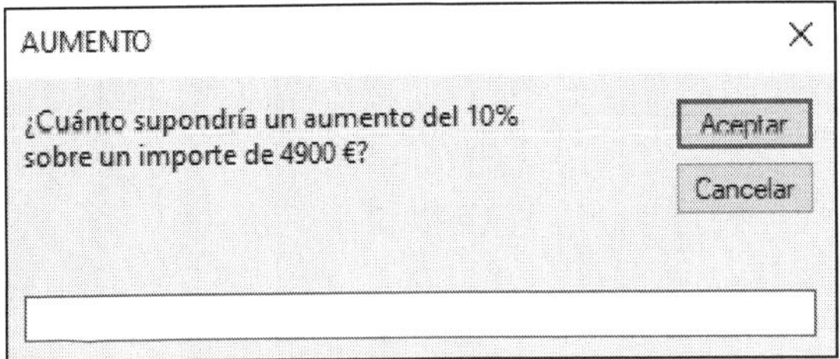

Si la respuesta es correcta, muestre:

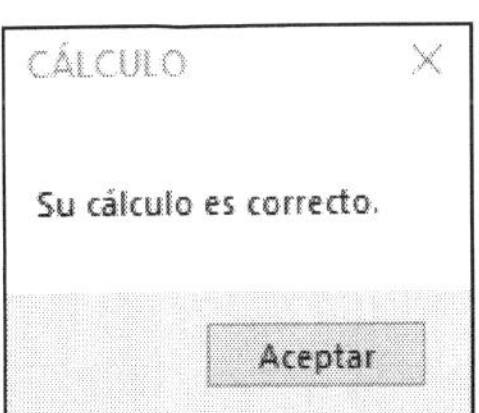

SOLUCIÓN PÁG. 152

BUCLES

3. Cálculo de inversión financiera

Cree una macro que permita calcular el capital obtenido anualmente para una inversión de tipo constante.

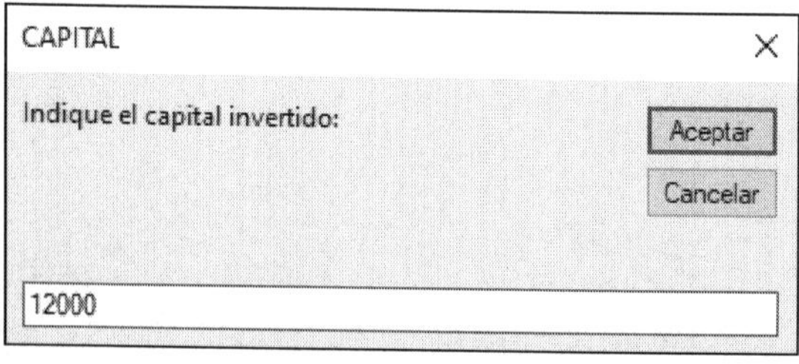

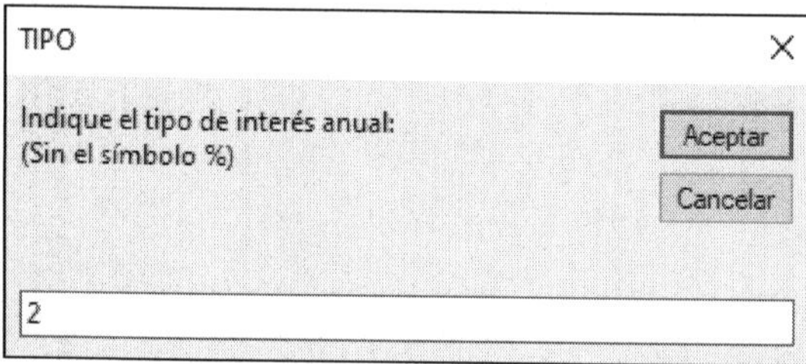

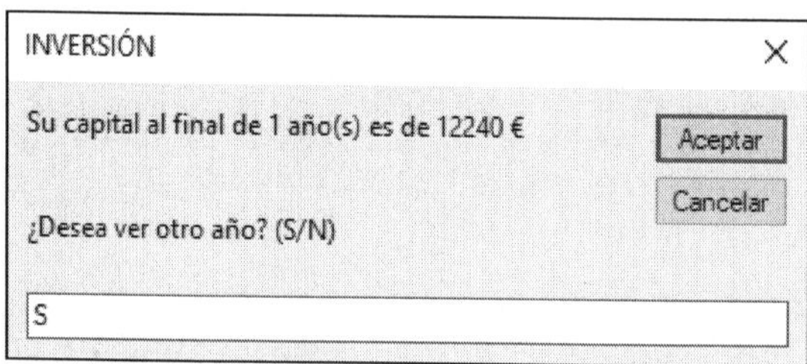

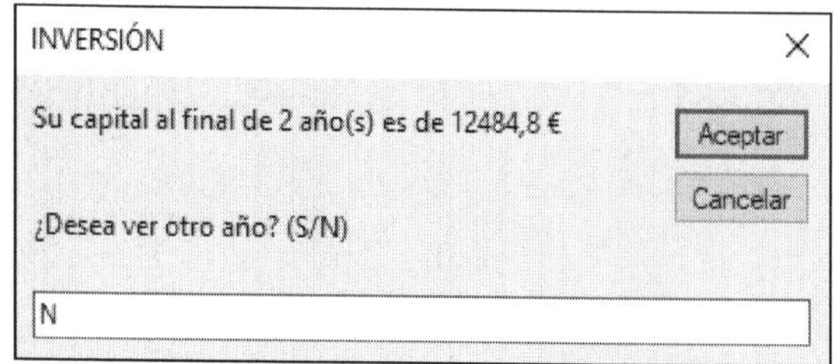

SOLUCIÓN PÁG. 153

BUCLES

4. Visualización de números

Diseñe una macro que permita introducir, verticalmente (n veces), un valor a partir de la celda C1 y cuya variación defina el usuario.

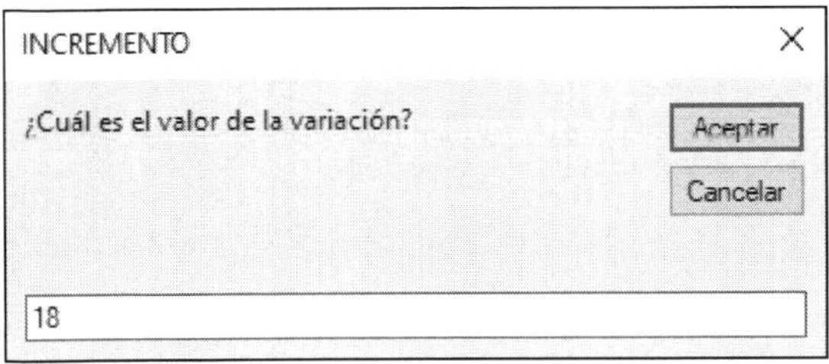

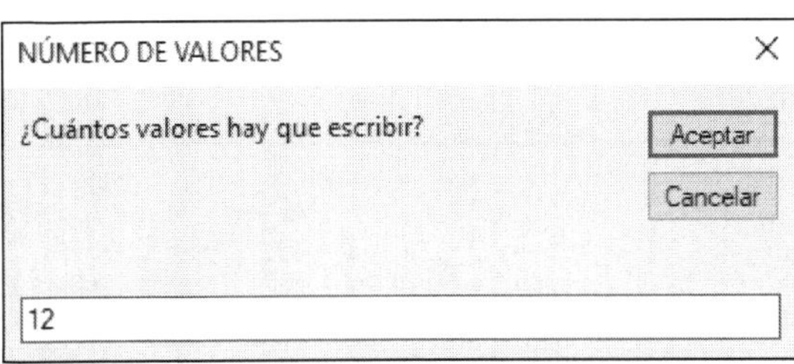

	A	B	C
1			Vuelta N° 1 : 0
2			Vuelta N° 2 : 18
3			Vuelta N° 3 : 36
4			Vuelta N° 4 : 54
5			Vuelta N° 5 : 72
6			Vuelta N° 6 : 90
7			Vuelta N° 7 : 108
8			Vuelta N° 8 : 126
9			Vuelta N° 9 : 144
10			Vuelta N° 10 : 162
11			Vuelta N° 11 : 180
12			Vuelta N° 12 : 198

BUCLES

5. Códigos de caracteres

Cree una macro que, partiendo de la celda activa, introduzca los códigos de caracteres (entre 33 y 255) en una tabla formada por un número de columnas definido por el usuario.

Las columnas de la tabla deberán reducirse.

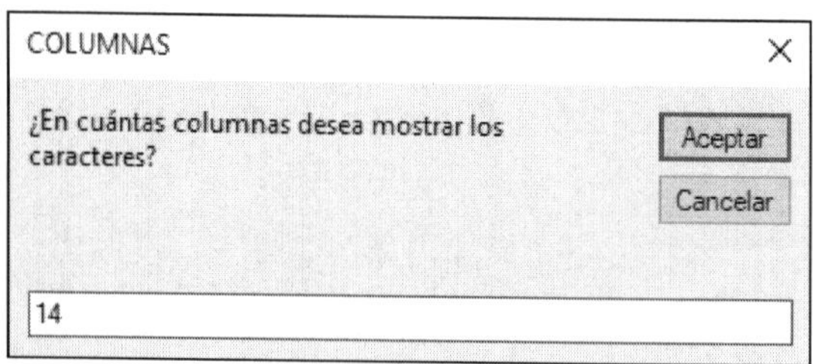

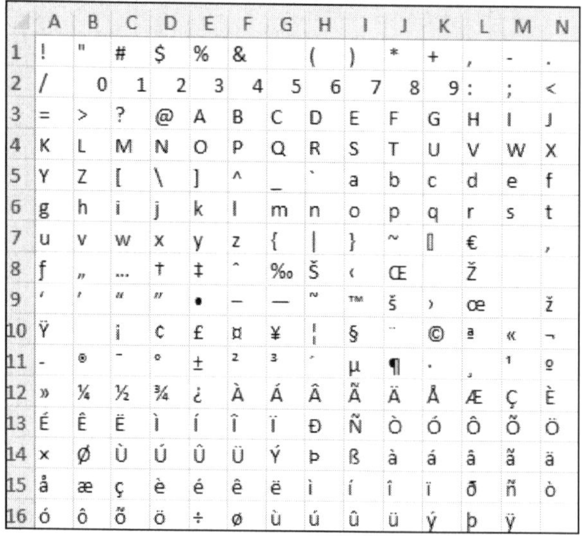

	A	B	C	D	E	F	G	H	I	J	K	L	M	N
1	!	"	#	$	%	&		(	)	*	+	,	-	.
2	/	0	1	2	3	4	5	6	7	8	9	:	;	<
3	=	>	?	@	A	B	C	D	E	F	G	H	I	J
4	K	L	M	N	O	P	Q	R	S	T	U	V	W	X
5	Y	Z	[	\	]	^	_	`	a	b	c	d	e	f
6	g	h	i	j	k	l	m	n	o	p	q	r	s	t
7	u	v	w	x	y	z	{	|	}	~	▯	€		‚
8	ƒ	„	…	†	‡	ˆ	‰	Š	‹	Œ		Ž		
9	‘	’	“	”	•	–	—	˜	™	š	›	œ		ž
10	Ÿ		¡	¢	£	¤	¥	¦	§	¨	©	ª	«	¬
11	-	®	¯	°	±	²	³	´	µ	¶	·	¸	¹	º
12	»	¼	½	¾	¿	À	Á	Â	Ã	Ä	Å	Æ	Ç	È
13	É	Ê	Ë	Ì	Í	Î	Ï	Ð	Ñ	Ò	Ó	Ô	Õ	Ö
14	×	Ø	Ù	Ú	Û	Ü	Ý	Þ	ß	à	á	â	ã	ä
15	å	æ	ç	è	é	ê	ë	ì	í	î	ï	ð	ñ	ò
16	ó	ô	õ	ö	÷	ø	ù	ú	û	ü	ý	þ	ÿ	

BUCLES

6. Cálculos aleatorios

Diseñe un procedimiento que invite al usuario a calcular el 10 % de un valor comprendido entre 0 y 999 e indique si la respuesta es o no correcta.

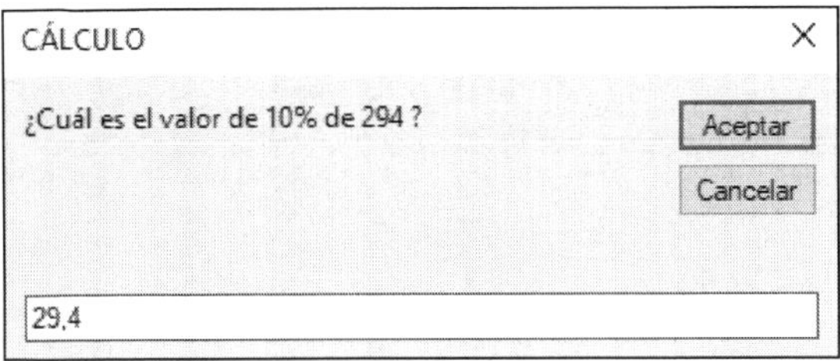

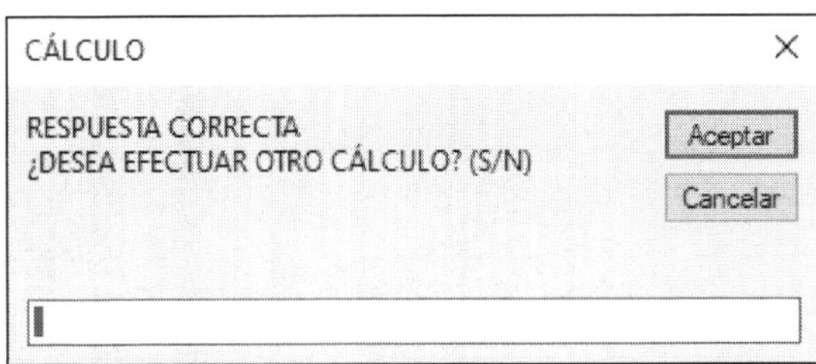

SOLUCIÓN PÁG. 155

BUCLES

7. Aplicar un aumento

 Aumento.xlsx

Cree un procedimiento que permita aplicar un aumento de x% a un conjunto de sueldos.

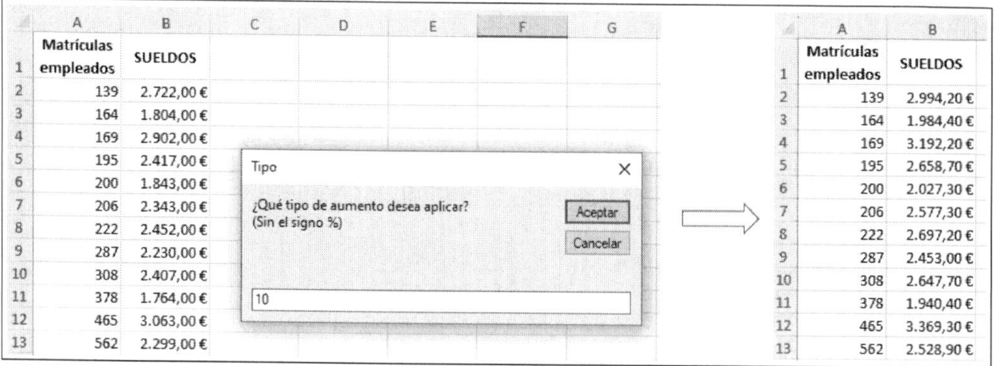

	A	B
1	Matrículas empleados	SUELDOS
2	139	2.722,00 €
3	164	1.804,00 €
4	169	2.902,00 €
5	195	2.417,00 €
6	200	1.843,00 €
7	206	2.343,00 €
8	222	2.452,00 €
9	287	2.230,00 €
10	308	2.407,00 €
11	378	1.764,00 €
12	465	3.063,00 €
13	562	2.299,00 €

	A	B
1	Matrículas empleados	SUELDOS
2	139	2.994,20 €
3	164	1.984,40 €
4	169	3.192,20 €
5	195	2.658,70 €
6	200	2.027,30 €
7	206	2.577,30 €
8	222	2.697,20 €
9	287	2.453,00 €
10	308	2.647,70 €
11	378	1.940,40 €
12	465	3.369,30 €
13	562	2.528,90 €

SOLUCIÓN PÁG. 156

BUCLES

8. Transformación de texto

Diseñe una macro que transforme una de cada dos letras en minúscula por textos introducidos por el usuario.

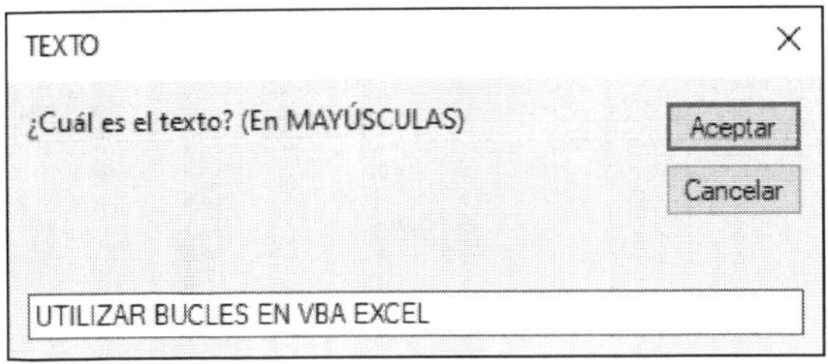

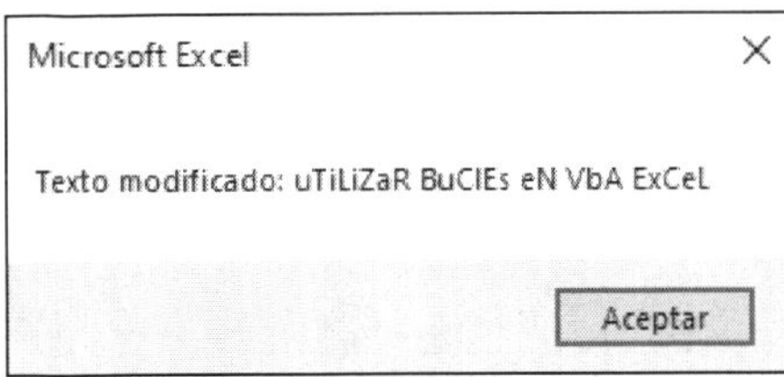

9. Introducción de nombres

Diseñe una macro que permita introducir verticalmente una serie de nombres a partir de la celda activa. Cada elemento que se introduzca en el cuadro de diálogo aparecerá de forma vertical en la hoja.

Cuando no se introduce ninguna palabra, el procedimiento finaliza.

BUCLES

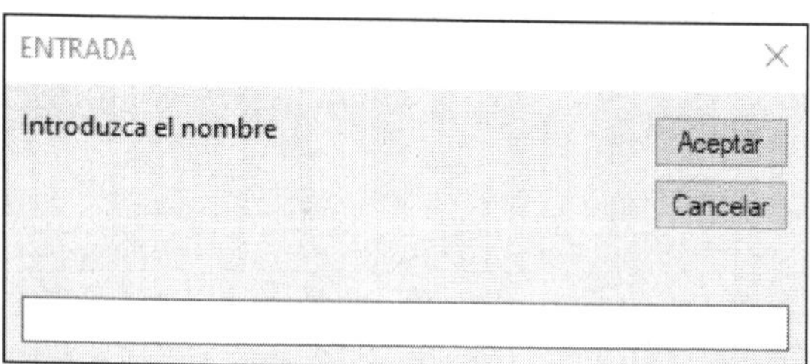

SOLUCIÓN PÁG. 157

10. Introducción de asteriscos delante de números

Cree un procedimiento que permita añadir asteriscos delante de cada número de un rango (el número total de caracteres de cada celda debe ser 15).

2310		***********2310
64955		**********64955
325		************325
51932		**********51932
28418		**********28418
25		*************25
128		************128
21514	⇨	**********21514
5640		***********5640
88527		**********88527
412		************412
13425		**********13425
31695		**********31695
998		************998
1003		***********1003
89072		**********89072
630		************630
92349		**********92349

SOLUCIÓN PÁG. 158

BUCLES

11. Formato de columnas en todas las hojas

 FormatoColumnasHojas.xlsx

Cree un procedimiento que permita formatear una de cada dos columnas con un ancho de 5, desde la columna A hasta la columna S (aplicar a todas las hojas del archivo). En A1 debe aparecer el nombre de la hoja.

SOLUCIÓN PÁG. 158

12. Formato de celdas

 ColorCeldas.xlsx

Cree una macro que permita aplicar un color a un **rango de celdas seleccionadas** en función del tipo de valor: amarillo para los números, verde para las fechas, azul para los textos, rojo para los errores y rosa para los valores lógicos.

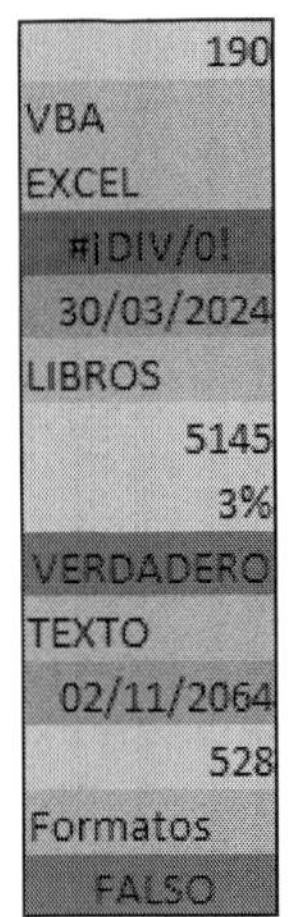

SOLUCIÓN PÁG. 159

BUCLES

ENUNCIADO 5

ENTRADA DE DATOS - VISTA DE RESULTADOS

PROPIEDADES/FUNCIONES/PALABRAS CLAVE UTILIZADAS 50

1. Entrada simple 51
2. Entrada controlada 52
3. Entrada por selección de celda e introducción de valores 52
4. Temperaturas mensuales 53
5. Entradas por provincia 55
6. Simulación del aumento del volumen de negocio 56
7. Interrogar a un archivo 58
8. Aumentos de tarifa 59

ENTRADA DE DATOS - VISTA DE RESULTADOS

PROPIEDADES/FUNCIONES/PALABRAS CLAVE UTILIZADAS

	EJERCICIO N°							
	1	2	3	4	5	6	7	8
Application.InputBox			●					
Cells				●	●			
CSng		●						
Do While		●				●	●	●
For... Next				●	●	●		
Formula	●	●						
IsNumeric		●						
If Then Else			●					
InputBox	●	●		●	●	●	●	●
Lbound					●	●		●
Loop		●				●	●	
Max				●				
MsgBox						●	●	
On Error	●		●	●	●	●	●	
Or								
Range	●	●	●	●	●		●	●
Round						●		
Select		●						
Select Case							●	
Ubound					●	●		
Ucase	●	●		●			●	
VLookup			●				●	
WorksheetFunction			●	●			●	

ENTRADA DE DATOS - VISTA DE RESULTADOS

1. Entrada simple

 EntradasDatos.xlsx

Para cumplimentar la tabla de abajo, presente en la hoja **01** del archivo **EntradasDatos**, diseñe una macro de entrada automatizada.

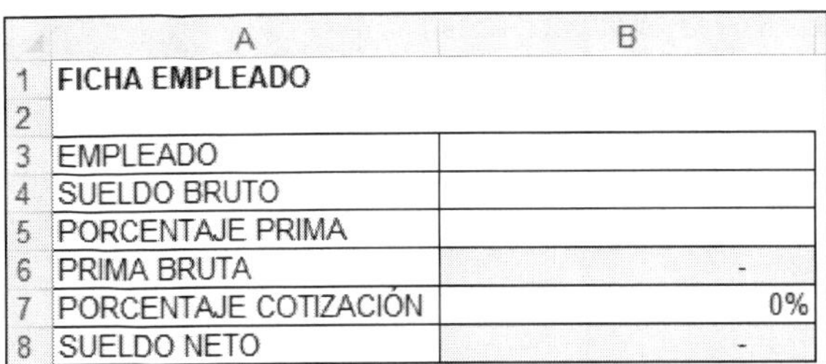

	A	B
1	**FICHA EMPLEADO**	
2		
3	EMPLEADO	
4	SUELDO BRUTO	
5	PORCENTAJE PRIMA	
6	PRIMA BRUTA	-
7	PORCENTAJE COTIZACIÓN	0%
8	SUELDO NETO	-

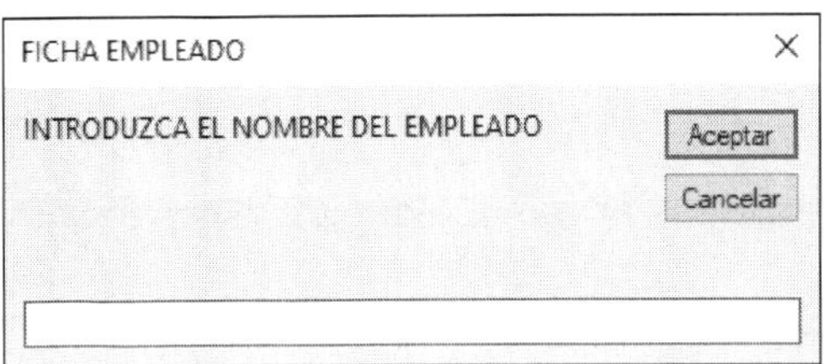

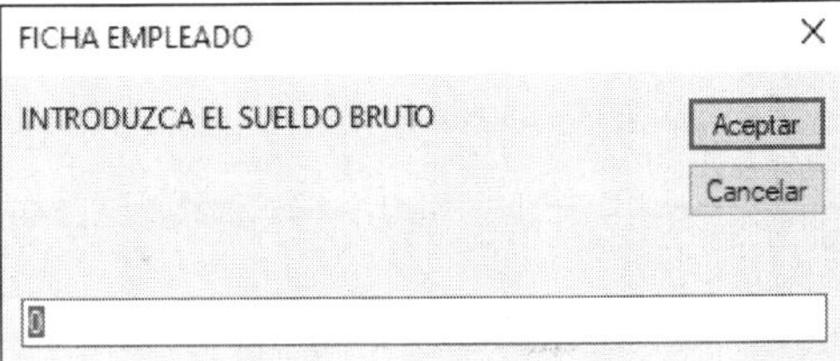

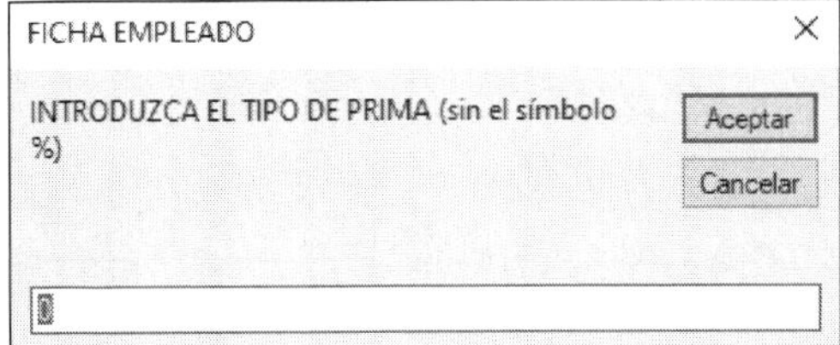

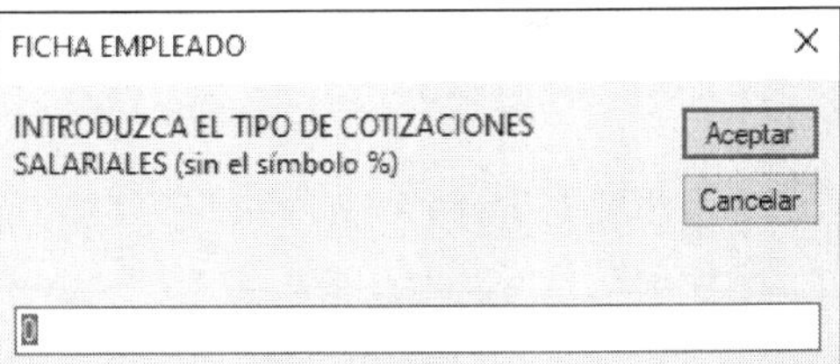

SOLUCIÓN PÁG. 162

ENTRADA DE DATOS - VISTA DE RESULTADOS

2. Entrada controlada

 EntradasDatos.xlsx

Siguiendo el mismo principio que para el procedimiento precedente, realice una entrada automatizada que verifique que se han introducido todos los datos.

Los cuadros de diálogo deben permanecer visibles cuando:

- no se haya introducido toda la información, incluso si el usuario hace clic en **Aceptar**;
- el usuario introduce un valor numérico cuando lo que se espera es un texto;
- el usuario introduce una cadena cuando lo que se espera es un número.

SOLUCIÓN PÁG. 163

3. Entrada por selección de celda e introducción de valores

 EntradasDatos.xlsx

Diseñe un procedimiento de entrada automática que verifique que los datos introducidos son compatibles con el tipo esperado.

Utilice la tabla de la hoja **03** del archivo **EntradasDatos**.

	A	B	C	D
1	**CONTROLES DE DATOS**			
2				**DESTINOS**
3	CIUDAD DE DESTINO	NICE		AIX LES BAINS
4	NÚMERO DE ADULTOS			ANNECY
5	NÚMERO DE NIÑOS			AVIGNON
6	NÚMERO DE DÍAS			BORDEAUX
7				CHAMONIX
8				LYON
9				MACON
10				NICE
11				PARIS
12				REIMS
13				TOULOUSE

ENTRADA DE DATOS - VISTA DE RESULTADOS

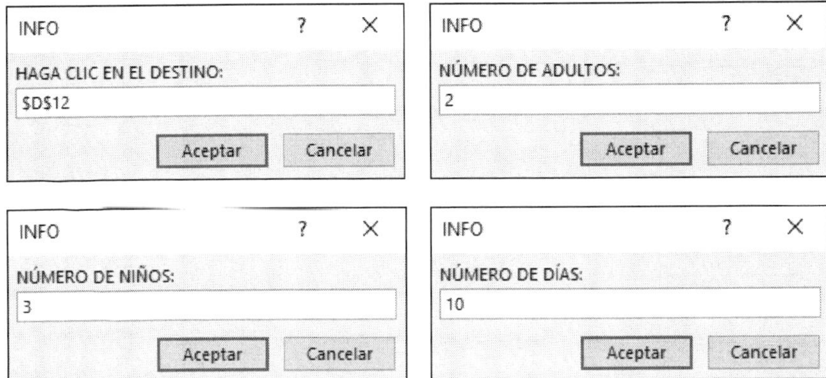

SOLUCIÓN PÁG. 164

4. Temperaturas mensuales

 EntradasDatos.xlsx

La tabla de la hoja **04** permite la ver el listado de temperaturas de un año.

Cree un procedimiento que sitúe en vertical, a partir de la celda **B2**, la temperatura máxima registrada durante cada mes del año precedente. El procedimiento deberá registrar también la temperatura máxima desde enero.

ENTRADA DE DATOS - VISTA DE RESULTADOS

	A	B	C
1	MES Nº	TEMPERATURAS MÁX.	MÁX. DESDE ENERO
2	Enero	7	7
3	Febrero	11	11
4	Marzo	19	19
5	Abril	18	19
6	Mayo	23	23
7	Junio	29	29
8	Julio	32	32
9	Agosto	34	34
10	Septiembre	28	34
11	Octubre	21	34
12	Noviembre	14	34
13	Diciembre	12	34

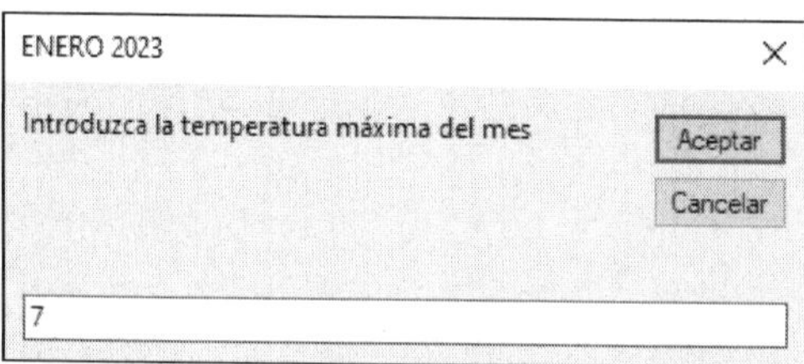

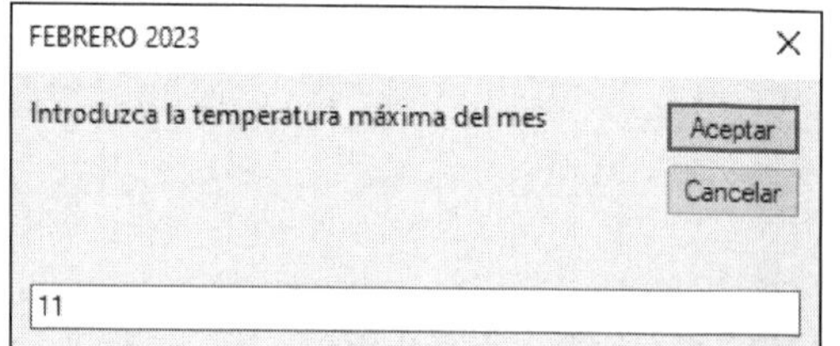

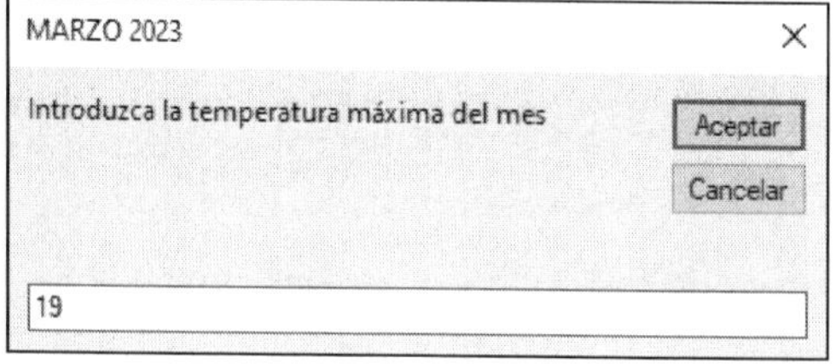

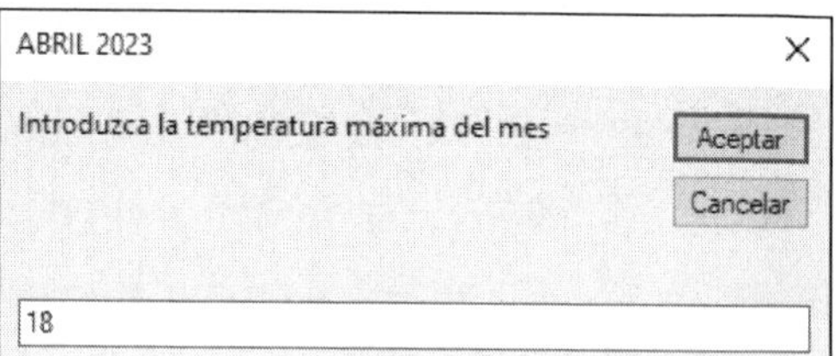

ENTRADA DE DATOS - VISTA DE RESULTADOS

5. Entradas por provincia

 EntradasDatos.xlsx

Cree un pequeño procedimiento que, en la tabla de la hoja **05**, coloque verticalmente, a partir de la celda **B3**, el número de comerciales por provincia.

	A	B
1		
2	PROVINCIAS	Nº DE COMERCIALES
3	ÁLAVA	1
4	ALBACETE	2
5	ALICANTE	3
6	ALMERIA	2
7	ASTURIAS	1
8	ÁVILA	5
9	BADAJOZ	6
10	BARCELONA	3
11	BURGOS	4
12	CÁCERES	3
13	CÁDIZ	2
14	CANTABRIA	3

ENTRADA DE DATOS - VISTA DE RESULTADOS

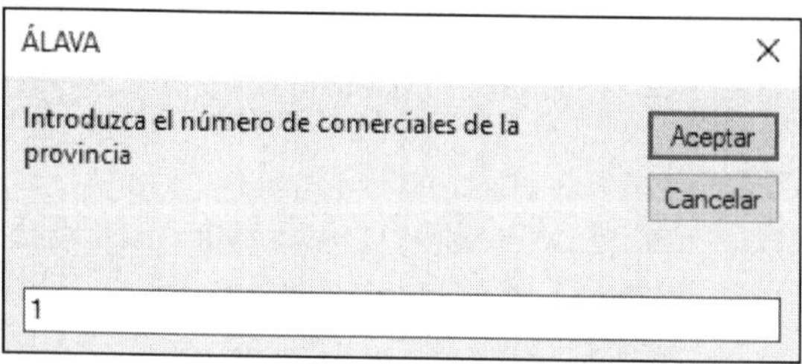

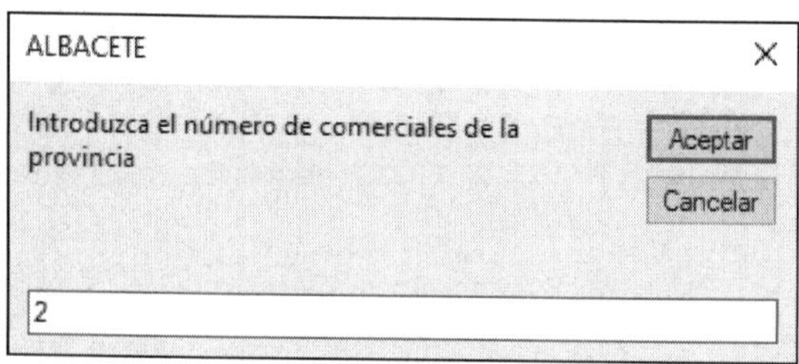

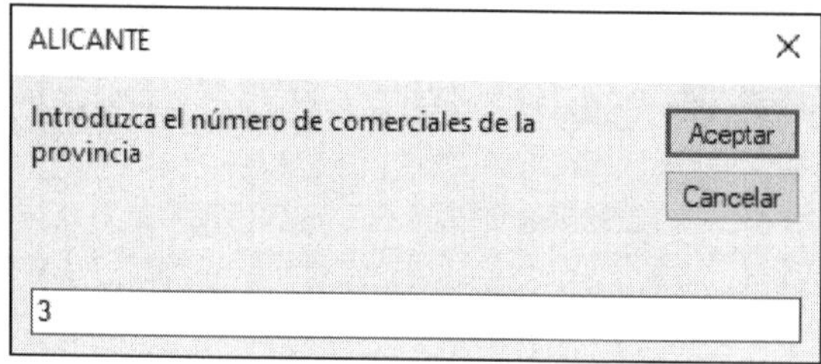

SOLUCIÓN PÁG. 166

6. Simulación del aumento del volumen de negocios

 EntradasDatos.xlsx

Conociendo el volumen de negocios actual de su empresa y el volumen de negocios que desea alcanzar (en x años), calcule el porcentaje de aumento anual que debe obtener. El porcentaje anual se obtiene con la fórmula:
=((VN Futuro/VN Actual)^(1/Duración)-1)

ENTRADA DE DATOS - VISTA DE RESULTADOS

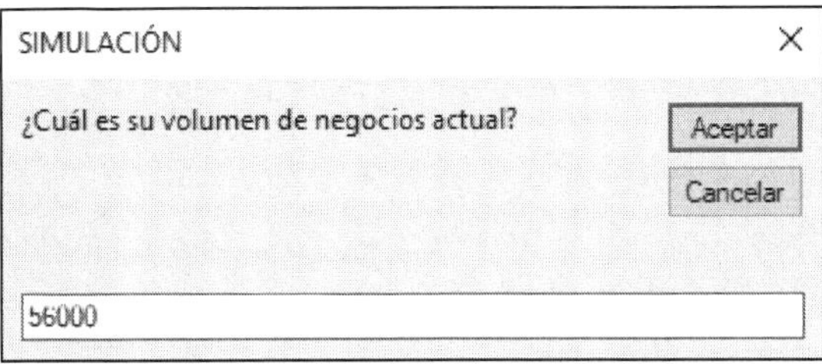

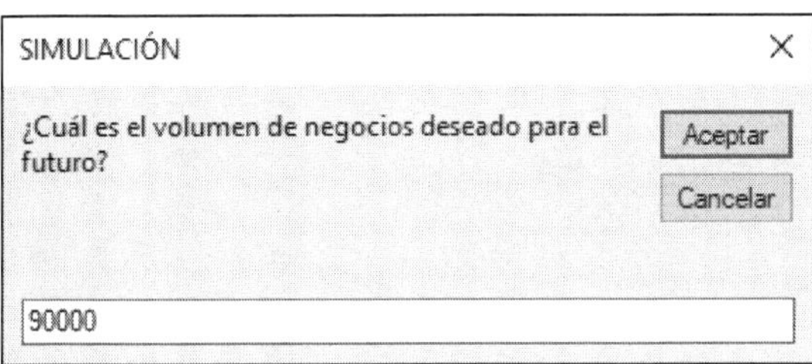

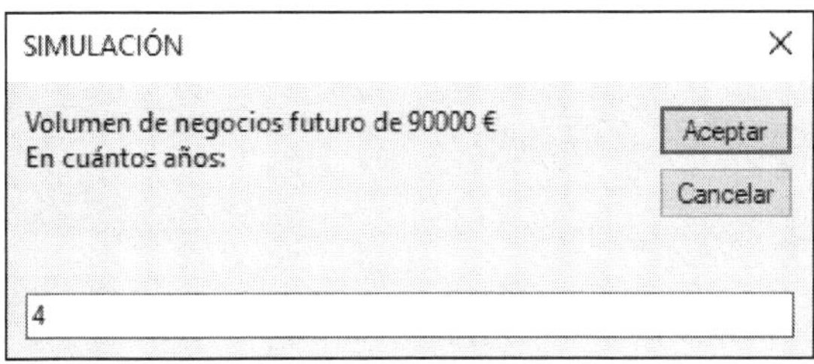

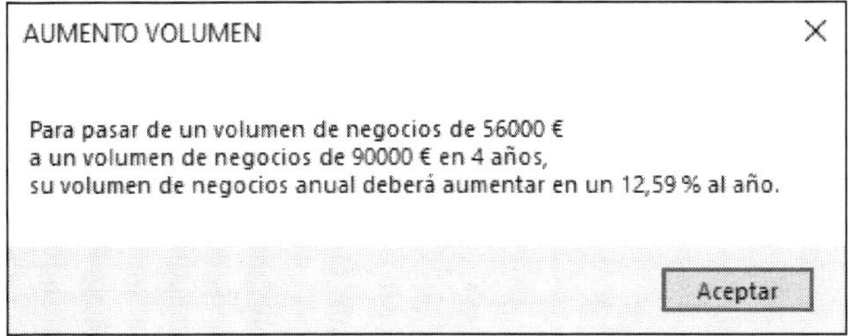

ENTRADA DE DATOS - VISTA DE RESULTADOS

7. Interrogar a un archivo

 EntradasDatos.xlsx

La hoja **Ciudades** del libro **EntradasDatos** contiene datos relativos a ciudades francesas cuyas primeras líneas se muestran a continuación:

	A	B	C	D
1	CIUDAD	Efectivo Agencia	RESPONSABLE SECTOR	CÓDIGO
2	Aix-en-Provence	8	Kevin	1
3	Angers	3	Laurent	1
4	Antibes	9	Kevin	1
5	Asnières-sur-Seine	4	Thierry	4
6	Aubervilliers	7	Laurent	3
7	Aulnay-sous-Bois	9	Carine	5
8	Avignon	3	Kevin	2
9	Béziers	3	Valentin	2
10	Bordeaux	3	Carine	2
11	Brest	4	Laurent	4
12	Calais	7	Thierry	1
13	Cannes	6	Kevin	3
14	Champigny-sur-Marne	9	Valentin	3
15	Cherbourg-en-Cotentin	8	Valentin	5
16	Clermont-Ferrand	7	Valentin	1

El código de comisión corresponde a un porcentaje acordado con los comerciales que trabajan en esas ciudades:

- 1: porcentaje de comisión del 5%
- 2: porcentaje de comisión del 7%
- 3: porcentaje de comisión del 8%
- 4: porcentaje de comisión del 10%
- 5: porcentaje de comisión del 12%

ENTRADA DE DATOS - VISTA DE RESULTADOS

Cree un procedimiento que, a partir de la hoja 07, muestre las informaciones relativas a una ciudad en concreto.

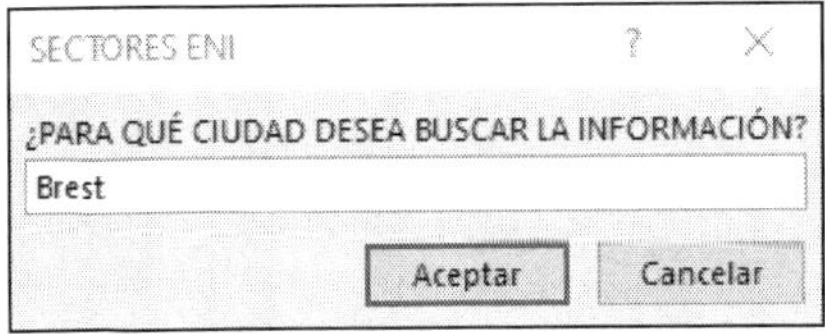

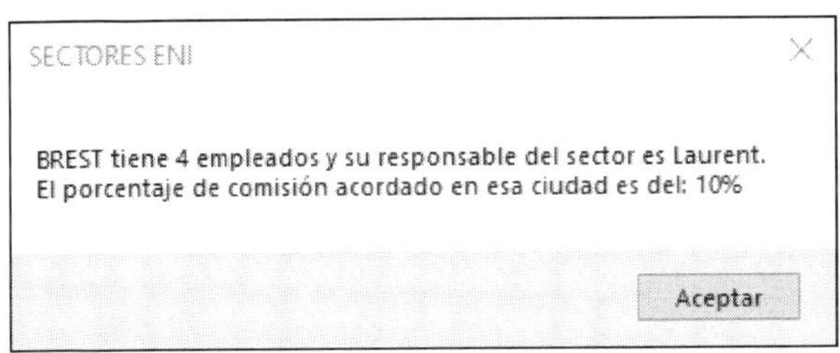

SOLUCIÓN PÁG. 167

8. Aumento de tarifa

 EntradasDatos.xlsx

La hoja **08** del libro **EntradasDatos** contiene el precio de los artículos:

	A	B
1	**Código Producto**	**PRECIO**
2	CLS-001	34,00 €
3	CLS-002	94,00 €
4	CLS-003	191,00 €
5	CLS-004	122,00 €
6	CLS-005	154,00 €
7	CLS-006	235,00 €
8	CLS-007	77,00 €
9	CLS-008	68,00 €
10	CLS-009	137,00 €
11	CLS-010	84,00 €
12	CLS-011	233,00 €
13	CLS-012	23,00 €

ENTRADA DE DATOS - VISTA DE RESULTADOS

Aplique un aumento del x% sobre el precio, utilizando una variable de tabla.

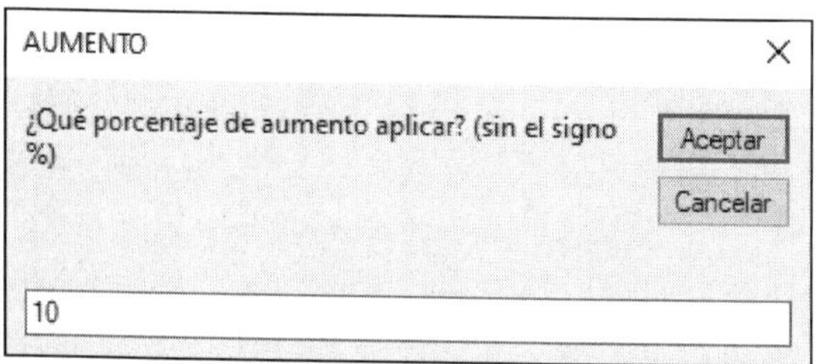

	A	B
1	**Código Producto**	**PRECIO**
2	CLS-001	37,40 €
3	CLS-002	103,40 €
4	CLS-003	210,10 €
5	CLS-004	134,20 €
6	CLS-005	169,40 €
7	CLS-006	258,50 €
8	CLS-007	84,70 €
9	CLS-008	74,80 €
10	CLS-009	150,70 €
11	CLS-010	92,40 €
12	CLS-011	256,30 €
13	CLS-012	25,30 €
14	CLS-013	221,10 €

SOLUCIÓN PÁG. 168

ENUNCIADO 6

EJERCICIOS CON RANGOS

PROPIEDADES/FUNCIONES/PALABRAS CLAVE UTILIZADAS 62
1. Seleccione un rango con el ratón 64
2. Seleccione el rango actual 65
3. Seleccione un rango hacia abajo. 66
4. Seleccione un rango vertical 67
5. Color en las listas desplegables. 68
6. Aplicar color a las celdas 69
7. Valor mínimo de un rango 70
8. Fondo en color para el texto 71
9. Aumento según el color 72
10. Lista de datos no presentes en un rango 73
11. Datos correspondiente al valor máxilo de un rango 74
12. Cambio automático de función de cálculo 75
13. Muestra aleatoria 76
14. Cálculo de variable de tipo matriz. 77
15. Concatenación de datos. 78
16. Proteger las fórmulas 79

EJERCICIOS CON RANGOS

PROPIEDADES/FUNCIONES/PALABRAS CLAVE UTILIZADAS

	EJERCICIO N°															
	1	2	3	4	5	6	7	8	9	10	11	12	13	14	15	16
ActiveCell		●	●	●	●	●		●	●	●			●			
Application.InputBox	●						●									
Address		●														
Array						●										
Cells									●		●			●		
Chr			●													
ClearContents										●		●				
Columns	●		●													
ColorIndex					●	●		●	●							●
Count	●		●					●		●					●	
CountIf										●						
CurrentRegion		●			●	●										
For								●		●			●	●	●	
For Each									●							
GoTo						●										
If	●	●	●	●				●	●	●		●	●			
Iif		●	●													
InputBox		●				●		●		●			●	●		
InStr												●				
IsEmpty			●	●												
IsNothing							●									
Ioin																
Max											●					
Min							●									
MsgBox	●		●		●	●	●				●			●	●	

EJERCICIOS CON RANGOS

	EJERCICIO N°															
	1	2	3	4	5	6	7	8	9	10	11	12	13	14	15	16
Offset			●	●			●		●	●			●			
On Error					●	●	●									
Plage	●		●					●	●							
Protect																
Range			●	●				●	●	●		●	●		●	
Redim															●	
Row											●					
Rows	●		●								●					
Select		●	●			●		●					●			
Selection		●						●				●	●			
SpecialCells					●	●										●
Rnd													●			
Unprotect																●
UCase		●														
Wend							●									
While							●									
With								●	●							
WorksheetFunction							●			●		●				

EJERCICIOS CON RANGOS

1. Seleccione un rango con el ratón

 VBA Rangos.xlsx

En la hoja **01**, cree una macro que permita seleccionar un rango con ayuda del ratón.

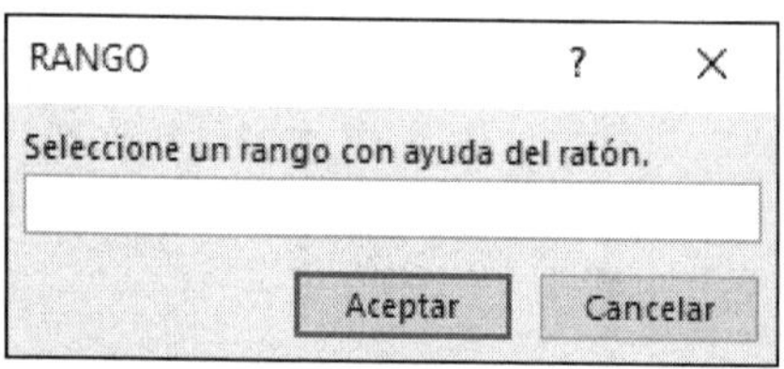

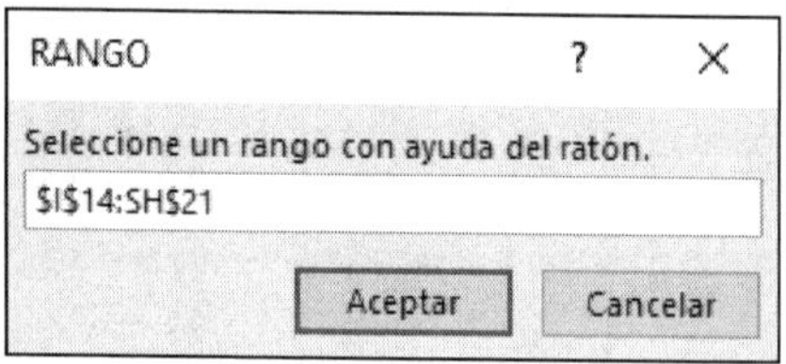

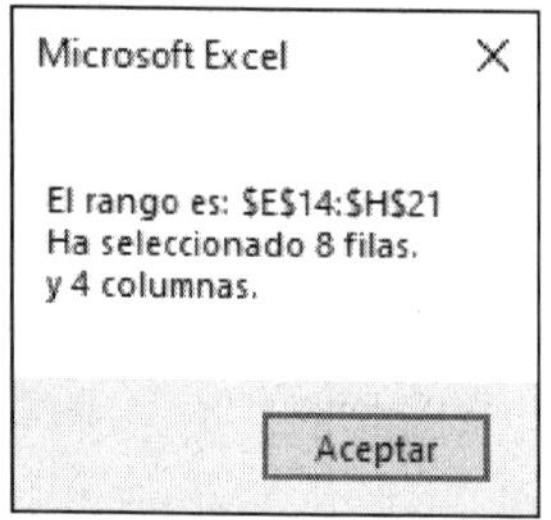

SOLUCIÓN PÁG. 170

EJERCICIOS CON RANGOS

2. Seleccione el rango actual

VBA Rangos.xlsx

En la hoja **01**, diseñe una macro que permita seleccionar el rango en curso, situado en torno a la celda en la que se encuentre el cursor.

	A	B	C	D	E	F	G	H	I	J
10	1945	732	1080	1893	1332	3342	3136	2467	1458	3480
11	1105	3687	3466	2907	2203	4093	2503	3804	3771	2025
12	1807	3252	1640	753	3263	2994	3934	445	3503	2504
13	3759	3447					[illegible]	491	2073	1567
14	4127	3832					[illegible]	1526	397	
15	2274	92					[illegible]	2961	416	
16	1593	3356					[illegible]	3100	4137	
17	437	733					[illegible]	3538	3045	
18	923	4244					[illegible]	1145	2303	
19	3120	3773					[illegible]	2232	1421	
20	2157						[illegible]		4032	
21	3580				3276		3071		1590	
22	1350				2546				3345	
23	3730				2656				1442	
24	2017				667				3708	
25	128				1762				4104	
26	1126				1791				395	
27	125				168				341	
28					2912				3087	
29					3838				3863	

RANGO

Ha hecho clic en el valor 1945 del rango
$A$10:$J$29
¿Quiere que todo el rango esté en cursiva? (S/N)

Aceptar

Cancelar

SOLUCIÓN PÁG. 170

EJERCICIOS CON RANGOS

3. Seleccione un rango hacia abajo

 VBA Rangos.xlsx

En la hoja **01**, diseñe una macro que permita seleccionar un rango hacia abajo a partir de la celda donde se encuentra el cursor.

	A	B	C	D	E	F	G	H	I	J
10	1945	732	1080	1893	1332	3342	3136	2467	1458	3480
11	1105	3687	3466	2907	2203	4093	2503	3804	3771	2025
12	1807	3252	1640	753	3263	2994	3934	445	3503	2504
13	3759	3447	4117	3327	3772	404	565	491	2073	1567
14	4127	3832	3186	1921	2839	1287	629	1526	397	
15	2274	92	3669	920	898	3358	3835	2961	416	
16	1593	3356		3352	2070	4278	2297	3100	4137	
17	437			9	1956	235	155	3538	3045	
18	923	4		4	3949		4018	1145	2303	
19	3120	3		3	3157		201	2232	1421	
20	2157			6	3122		2177		4032	
21	3580				3276		3071		1590	
22	1350				2546				3345	
23	3730				2656				1442	
24	2017				667				3708	
25	128				1762				4104	
26	1126				1791				395	
27	125				168				341	
28					2912				3087	
29					3838				3863	

Microsoft Excel

El rango es : $E$16:$E$29
Contiene 14 filas.

Aceptar

SOLUCIÓN PÁG. 171

EJERCICIOS CON RANGOS

4. Seleccione un rango vertical

 VBA Rangos.xlsx

En la hoja **01**, diseñe una macro que permita seleccionar el rango de celdas completas situadas verticalmente en torno a la celda donde se encuentra el cursor.

	A	B	C	D	E	F	G	H	I	J
9										
10	1945	732	1080	1893	1332	3342	3136	2467	1458	3480
11	1105	3687	3466	2907	2203	4093	2503	3804	3771	2025
12	1807	3252	1640	753	3263	2994	3934	445	3503	2504
13	3759	3447	4117	3327	3772	404	565	491	2073	1567
14	4127	3832	3186	1921	2839	1287	629	1526	397	
15	2274	92	3669	920	898	3358	3835	2961	416	
16	1593	3356		3352	2070	4278	2297	3100	4137	
17	437	733		729	1956	235	155	3538	3045	
18	923	4244		1524	3949		4018	1145	2303	
19	3120	3773		2573	3157		201	2232	1421	
20	2157			3366	3122		2177		4032	
21	3580				3276		3071		1590	
22	1350				2546				3345	
23	3730				2656				1442	
24	2017				667				3708	
25	128				1762				4104	
26	1126				1791				395	
27	125				168				341	
28					2912				3087	
29					3838				3863	

SOLUCIÓN PÁG. 171

EJERCICIOS CON RANGOS

5. Color en las listas desplegables

 VBA Rangos.xlsx

En la tabla (hoja **02**) que contiene texto, números y fórmulas, cree un procedimiento para aplicar color de relleno amarillo a todas las celdas que contengan una lista desplegable.

	A	B	C	D	E	F
1						
2	Color			MES	FEBRERO	
3						
4						
5	CÓDIGO PRODUCTO	FAMILIA	PRECIO COMPRA Imp. no incl.	COEF. MARGEN	RESPONSABLE SECTOR	PRECIO DE VENTA
6	B356	VERDURA	2,45 €	1,45	LAURENT	3,55 €
7	B357	LÁCTEOS	3,10 €	1,80	DELPHINE	5,58 €
8	B358	CARNE	9,80 €	1,50	THIERRY	14,70 €
9	B359	PESCADO	12,50 €	1,70	THIERRY	21,25 €
10						0,00 €
11						0,00 €
12						0,00 €
13						0,00 €
14						0,00 €
15						0,00 €
16						0,00 €
17						0,00 €
18						0,00 €
19						0,00 €
20						0,00 €
21						0,00 €

SOLUCIÓN PÁG. 172

EJERCICIOS CON RANGOS

6. Aplicar color a las celdas

 VBA Rangos.xlsx

La hoja **03** del libro contiene una tabla con texto, números, fórmulas y celdas vacías.

Cree una macro que aplique un fondo verde al tipo de celdas que se especifique del rango de celdas en el que se encuentre el cursor.

	A	B	C	D	E	F	G
5	TEXTO	896	1145	2154		2483	2121
6	1525	2713	1528	2149	3163	2311	1799
7	938	1730	1515	2399	2464	TEXTO	209
8	2470	VBA	1663	*2511*		*2201*	*1371*
9	1962	2556	937	799	775	2528	2261
10	308	1354	2480	938	1133	3043	3171
11	382	797	9268	678	2277	Media:	1822
12	23488	2936		1591	722	706	701
13	1321	207	0	2903	1694	2763	1960
14	2346					1734	3153
15	2277					811	LUNES
16	983					2363	MARTES
17	3087					1933	MIÉRCOLES
18	1643					2179	JUEVES
19	1548					1416	786
20	1003					1447	1312
21	1904	[illegible]	[illegible]	[illegible]	[illegible]	840	3184
22	1325	176	661	3112	178	2270	955
23	2678	2498	1672	2619	600	2246	14470
24				5628		9090	14394
25	2	4	8	16	32	64	128
26	5	10	20	40	80	160	320
27	AAA		40			BBB	CCC
28	12	24				0	0
29	17	34	68	136	272	544	DDD

COLOR CELDAS ×

¿A qué tipo de celdas se les debe aplicar color?
1: Vacías
2: Valores constantes
3: Fórmulas

Aceptar

Cancelar

SOLUCIÓN PÁG. 172

EJERCICIOS CON RANGOS

7. Valor mínimo de un rango

A partir de la hoja **04**, cree una macro que permita:

- seleccionar el rango de celdas para las que desea mostrar el mínimo;

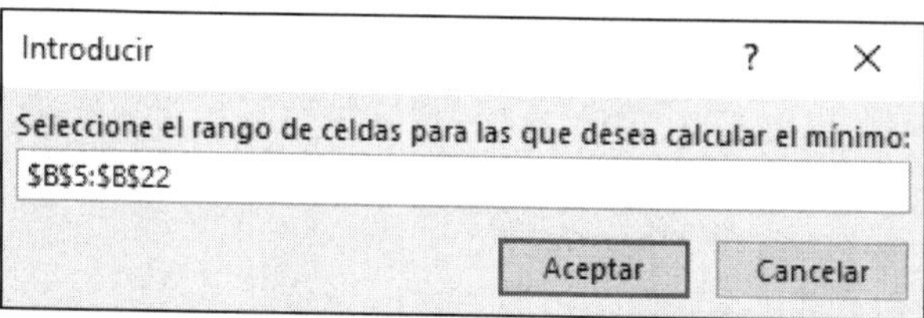

- seleccionar la celda en la que se mostrará el valor mínimo.

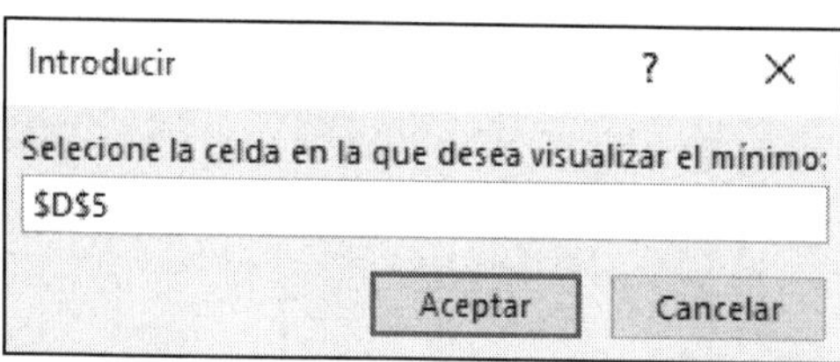

SOLUCIÓN PÁG. 173

EJERCICIOS CON RANGOS

8. Fondo en color para el texto

 VBA Rangos.xlsx

A partir de la hoja **05**, cree una macro que aplique un fondo verde a las celdas que contengan el texto reseñado.

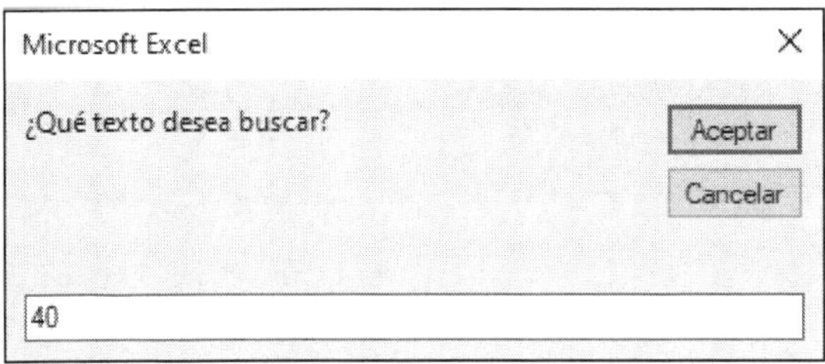

3	**ARTÍCULOS**
4	PANTALÓN TALLA 36
5	PANTALÓN TALLA 38
6	PANTALÓN CUERO T 38
7	PANTALÓN TALLA 40
8	PANTALÓN TALLA 42
9	PANTALÓN TALLA 44
10	FALDA TALLA 36
11	FALDA CUERO TALLA 36
12	FALDA TALLA 38 ALGODÓN
13	FALDA TALLA 40
14	FALDA TALLA 42
15	FALDA TALLA 44
16	CAMISA TALLA 36 SEDA
17	CAMISA TALLA 38
18	CAMISA TALLA 40
19	CAMISA TALLA 42 ALGODÓN
20	CAMISA TALLA 44
21	JERSEY LANA T 40
22	JERSEY LANA T 42
23	JERSEY ALGODÓN T 40
24	JERSEY ALGODÓN T 42
25	CHAQUETA CUERO
26	CAMISETA ALGODÓN S
27	CAMISETA ALGODÓN M
28	CAMISETA ALGODÓN L
29	CAMISETA ALGODÓN XL

SOLUCIÓN PÁG. 173

EJERCICIOS CON RANGOS

9. Aumento según el color

En la hoja **06**, cree una macro que aplique un aumento en las celdas de un rango en función de los colores aplicados a los nombres de los empleados.

	A	B	C
1			
2	EMPLEADO	FECHA NACIMIENTO	SUELDO
3	ALAIN	26/10/1983	2.491,00 €
4	SAMUEL	19/05/1998	2.084,00 €
5	SANDRINE	01/01/1986	2.546,00 €
6	SANDRINE	08/12/1985	2.402,00 €
7	ERIC	27/12/1993	1.946,00 €
8	RACHEL	10/07/2000	2.245,00 €
9	LIONEL	09/01/1989	2.342,00 €
10	ELISABETH	11/03/1993	2.246,00 €
11	CEDRIC	13/10/1988	2.519,00 €
12	JEROME	14/08/1995	1.829,00 €
13	CAROLINE	08/06/1993	2.274,00 €
14	DIDIER	03/05/2000	2.344,00 €
15	EMILIE	19/07/1992	2.505,00 €
16	CATHY	11/09/1988	2.072,00 €
17	CHANTAL	08/08/1993	1.912,00 €
18	FRANCK	23/03/1994	2.191,00 €
19	PASCAL	27/02/1990	1.849,00 €
20	LAURENT	19/04/1982	2.271,00 €
21	CHRISTIAN	10/11/1990	1.812,00 €
22	GHISLAINE	04/08/1998	2.289,00 €
23	PIERRE	27/07/1994	2.005,00 €
24	ERIC	08/07/1999	2.585,00 €

E	F
SI LA CELDA ES	Aplicar un aumento de:
Roja (3)	3%
Verde (4)	7%
Azul (28)	9%

SOLUCIÓN PÁG. 174

EJERCICIOS CON RANGOS

10. Lista de datos no presentes en un rango

En la hoja **07**, cree un procedimiento que permita situar en la columna E, la lista de artículos invendidos.

	A	B	C	D	E
2					
3	LISTA COMPLETA DE ARTÍCULOS		LISTA DE ARTÍCULOS VENDIDOS		LISTA DE ARTÍCULOS INVENDIDOS
4	PASTA ALMENDRA VERDE		PASTA ALMENDRA PISTACHO		PURÉ ALMENDRA
5	PURÉE CRUE ALMENDRA		PASTA ALMENDRA VERDE		PASTA ALMENDRA HIGO
6	PASTA ALMENDRA HIGO		PASTA FRUTA PLÁTANO		PASTA ALMENDRA MIEL
7	PASTA ALMENDRA MIEL		BARRITA ENERG. SPORT AVELLANA		PASTA ALMENDRA SPORT
8	PASTA ALMENDRA PISTACHO		BARRITA ENERG. VAINILLA CHOCO		PASTA FRUTA FRESA
9	PASTA ALMENDRA LIMÓN		BIDÓN 500 ML		PASTA FRUTA MANZANA
10	PASTA ALMENDRA SPORT		BIDÓN 750 ML		BIDÓN 100 ML
11	PASTA FRUTA ALBARICOQUE		PASTA FRUTA ARÁNDANOS		BEBIDA ENERG. MANZANA
12	PASTA FRUTA ARÁNDANOS		BEBIDA ENERG. LIMÓN		BEBIDA ENERG. FRESA
13	PASTA FRUTA FRESA		BEBIDA ENERG. PLÁTANO		BEBIDA ENERG. KIWI
14	PASTA FRUTA PLÁTANO		BEBIDA ENERG. ALBARICOQUE		BEBIDA ENERG. NARANJA
15	PASTA FRUTA MANZANA		BEBIDA ENERG. ARÁNDANOS		BIDÓN 250 ML
16	PASTA FRUTA PERA		BEBIDA ENERG. MANGO		BARRITA ENERG. VAINILLA ALMENDRA
17	TURRÓN DURO		BARRITA ENERG. CACAO & COCO		BARRITA ENERG. COCO PLÁTANO
18	BARRITA ENERG. MULTIFRUTAS SPORTS		PASTA FRUTA PERA		
19	BARRITA ENERG. CACAO & COCO		BEBIDA ENERG. FRAMBUESA		
20	BARRITA ENERG. SPORT AVELLANA		TURRÓN DURO		
21	BARRITA ENERG. VAINILLA CHOCO		TURRÓN DURO		

SOLUCIÓN PÁG. 175

EJERCICIOS CON RANGOS

11. Dato correspondiente al valor máximo de un rango

 VBA Rangos.xlsx

La hoja **08** contiene una lista de deportistas con los resultados obtenidos en una competición. Cree un procedimiento que permita mostrar el nombre de la persona que haya obtenido el mejor resultado.

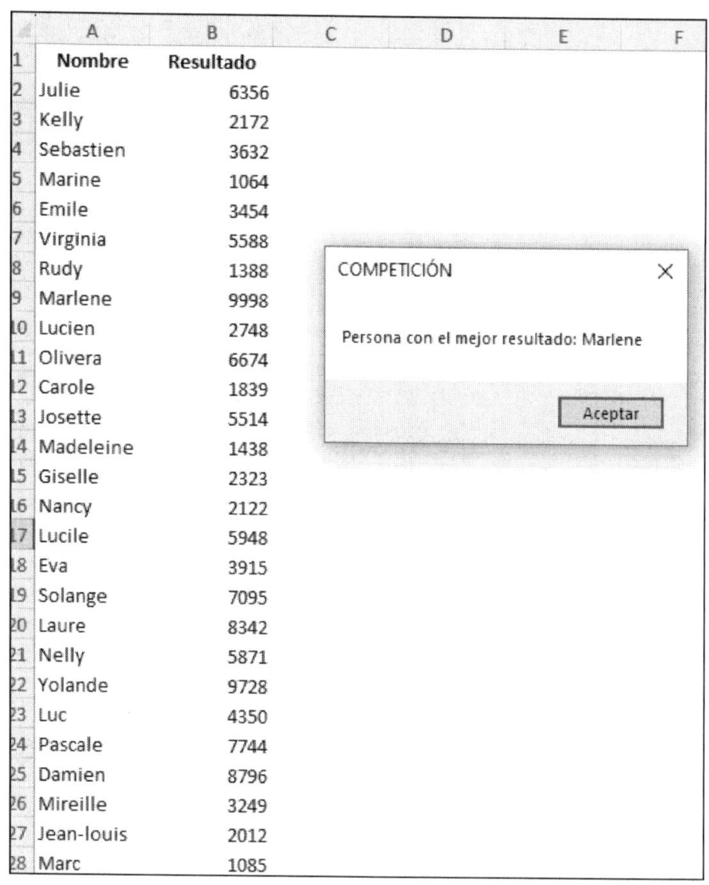

	A	B
1	**Nombre**	**Resultado**
2	Julie	6356
3	Kelly	2172
4	Sebastien	3632
5	Marine	1064
6	Emile	3454
7	Virginia	5588
8	Rudy	1388
9	Marlene	9998
10	Lucien	2748
11	Olivera	6674
12	Carole	1839
13	Josette	5514
14	Madeleine	1438
15	Giselle	2323
16	Nancy	2122
17	Lucile	5948
18	Eva	3915
19	Solange	7095
20	Laure	8342
21	Nelly	5871
22	Yolande	9728
23	Luc	4350
24	Pascale	7744
25	Damien	8796
26	Mireille	3249
27	Jean-louis	2012
28	Marc	1085

SOLUCIÓN PÁG. 176

EJERCICIOS CON RANGOS

12. Cambio automático de función de cálculo

 VBA Rangos.xlsx

La hoja **09** contiene una tabla y una zona de lista desplegable que permite seleccionar una función estadística. Asigne un procedimiento a la zona de la lista desplegable que permita aplicar la función estadística seleccionada a las celdas de la fila 17.

	A	B	C	D	E	F	G	H
1								2
2		Función		PROMEDIO ▼				SUMA
3								PROMEDIO
4		SECTOR 1	SECTOR 2	SECTOR 3	SECTOR 4	SECTOR 5		MIN.
5	ENERO	672	820	830	148	431		MAX.
6	FEBRERO	429	826	137	250	484		
7	MARZO	773	437	348	518	646		
8	ABRIL	597	318	762	432	826		
9	MAYO	578	363	194	752	397		
10	JUNIO	379	675	474	526	581		
11	JULIO	148	386	786	678	491		
12	AGOSTO	317	287	381	849	538		
13	SEPTIEMBRE	138	771	442	123	332		
14	OCTUBRE	146	532	194	434	392		
15	NOVIEMBRE	733	132	657	273	717		
16	DICIEMBRE	646	651	522	759	742		
17	PROMEDIO	773	826	830	849	826		

SOLUCIÓN PÁG. 176

EJERCICIOS CON RANGOS

13. Muestra aleatoria

 VBA Rangos.xlsx

En la hoja **10** hay una lista de personas. Diseñe una macro que permita crear una lista de personas en la columna D.

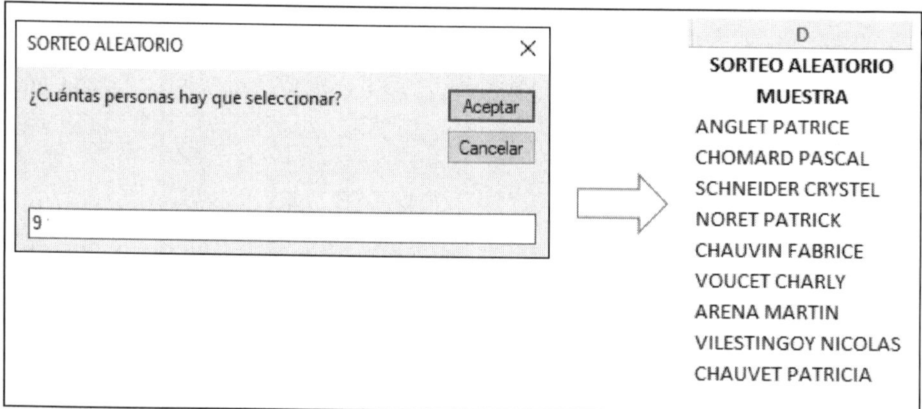

SOLUCIÓN PÁG. 177

EJERCICIOS CON RANGOS

14. Cálculo de variable de tipo matriz

 VBA Rangos.xlsx

En la hoja **11**, aparece una lista de valores numéricos (29 filas x 10 columnas). Cree un procedimiento para memorizar estos datos en una variable de tipo matriz y muestre después un valor específico.

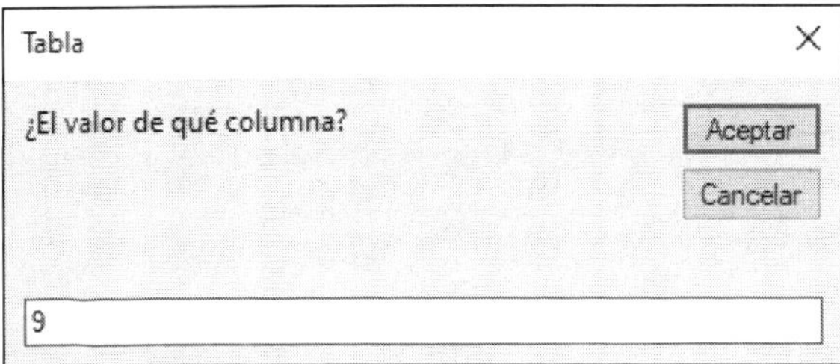

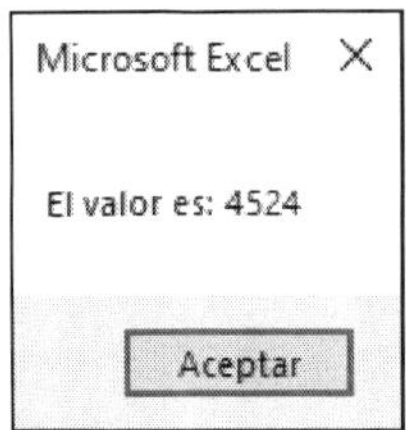

SOLUCIÓN PÁG. 178

EJERCICIOS CON RANGOS

15. Concatenación de datos

 VBA Rangos.xlsx

En la hoja **12**, cree un procedimiento para concatenar todos los datos de una lista.

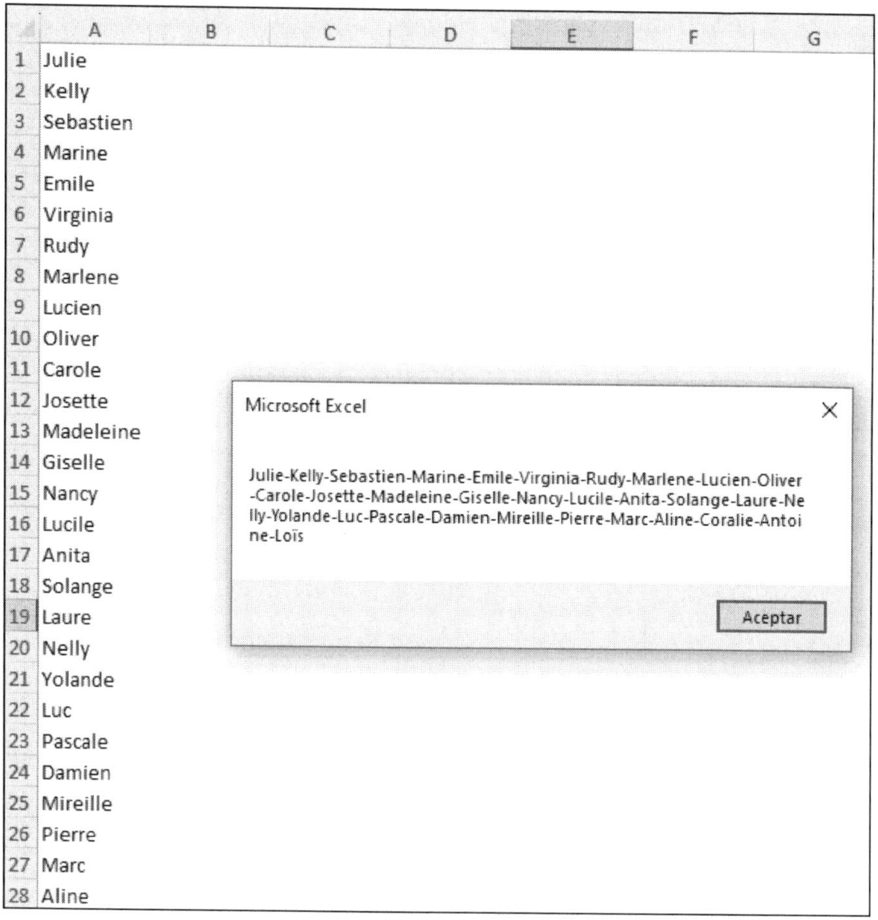

	A	B	C	D	E	F	G
1	Julie						
2	Kelly						
3	Sebastien						
4	Marine						
5	Emile						
6	Virginia						
7	Rudy						
8	Marlene						
9	Lucien						
10	Oliver						
11	Carole						
12	Josette						
13	Madeleine						
14	Giselle						
15	Nancy						
16	Lucile						
17	Anita						
18	Solange						
19	Laure						
20	Nelly						
21	Yolande						
22	Luc						
23	Pascale						
24	Damien						
25	Mireille						
26	Pierre						
27	Marc						
28	Aline						

Microsoft Excel

Julie-Kelly-Sebastien-Marine-Emile-Virginia-Rudy-Marlene-Lucien-Oliver
-Carole-Josette-Madeleine-Giselle-Nancy-Lucile-Anita-Solange-Laure-Ne
lly-Yolande-Luc-Pascale-Damien-Mireille-Pierre-Marc-Aline-Coralie-Antoi
ne-Loïs

Aceptar

SOLUCIÓN PÁG. 179

EJERCICIOS CON RANGOS

16. Proteger las fórmulas

 VBA Rangos.xlsx

La hoja **13** contiene números y fórmulas (con formato de tipo contable para que pueda localizarlos fácilmente para controlar el procedimiento).

El objetivo es crear un procedimiento que proteja automáticamente todas las fórmulas de la hoja y les aplique un color de relleno amarillo.

	A	B	C	D	E	F	G	H	I	J	K	L
2												
3	3211	1455	2262	382,00	245	263	3211	626	4929	3211	19.795,00	
4	3211	626	4929	3211	404	322	3211	1213	4564	3211	24.902,00	
5	3211	1213	4564	3211	263	363	3211	4476	3622	3211	27.345,00	
6	9.633,00	4476	3622	3211	280	298	6.422,00	4240	451	3211	35.844,00	
7	364	4240	451	3211	282	137	3211	3211	3211	3211	21.529,00	
8	308	558	3490	3211	1808	2580	1123	773	906	2645	17.402,00	
9	412	3269	2433	9.633,00	3065	3149	152	2237	2179	2362	28.891,00	
10	322	2706	4777	354	2196	2086	2104	2696	3054	1345	21.640,00	
11	348	1510	5362	326	1777	2767	2738	2782	442	406	18.458,00	
12	368	1594	2320	366	8.885,00	1851	809	2689	1173	1006	21.061,00	
13	143	981	2145	185	737	2636	2308	1783	1679	1191	13.788,00	
14	139	3491	1908	376	3211	3211	2.427,00	8.067,00	3.519,00	3211	29.560,00	
15	165	5009	310	386	3211	3211	3211	3211	3211	3211	25.136,00	
16	185	3211	3211	152	3211	3211	3211	3211	3211	3211	26.025,00	
17	22.020,00	34.339,00	41.784,00	28.215,00	29.575,00	26.085,00	37.349,00	41.215,00	36.151,00	34.643,00	331.376,00	
18												
19												
20									total	1.070.349,00		5.351.745,00
21			46042	19930	28503	6119			Promedio	32.434,82		
22			11871	55436	6020	22816			max.	75.366,00		
23			31276	75.366,00	17435	7604			Min.	6.020,00		
24			34159	33070	15368	47247						
25			9707	45988	32591	40659						
26			29.121,00	42611	42126	8760						
27			51028	7377	47756	36375						
28			48119	17957	51722	27220						
29			27299	40998	32645	74.976,00						
30			23991	49794	21677	34455						
31			39246	45252	15908	18588						
32												
33												
34												
35					32.322,91							

SOLUCIÓN PÁG. 179

EJERCICIOS CON RANGOS

ENUNCIADO 7

EJERCICIOS EN HOJAS Y LIBROS

PROPIEDADES/FUNCIONES/PALABRAS CLAVE UTILIZADAS 82
1. Crear hojas 84
2. Crear hojas - 2 85
3. Eliminar hojas 85
4. Recuperar valores 86
5. Color de pestaña 86
6. Color de pestaña por sectores 87
7. Color de pestañna por código contable. 87
8. Impedir que se inserten o eliminen columnas 88
9. Crear une hoja para cada día del mes 88
10. Conolidar las datos de varios libros 89
11. Crear un sumario. 91

EJERCICIOS EN HOJAS Y LIBROS

PROPIEDADES/FUNCIONES/PALABRAS CLAVE UTILIZADAS

	EJERCICIO N°										
	1	2	3	4	5	6	7	8	9	10	11
Activate		●	●	●			●		●	●	
ActiveCell											●
ActiveSheet	●	●							●		
ActiveWorkbook									●		
AddAfter											
Application			●					●			
Case						●	●				
ClearContents										●	
ColorIndex			●		●	●	●		●		
Columns											●
Count		●	●	●			●				
CreateObject										●	
DateSerial									●		
Dir											
DisplayAlerts			●								
For	●	●	●	●	●	●	●		●	●	●
Format									●		
GetFolder										●	
If			●	●	●			●	●	●	●
IIF		●									
InputBox	●	●							●		
MsgBox								●			
Offset											●
Range			●	●		●			●	●	●
Paste Special										●	

EJERCICIOS EN HOJAS Y LIBROS

	EJERCICIO N°										
	1	2	3	4	5	6	7	8	9	10	11
Path										●	
Sort										●	
Sheets	●	●							●	●	
Target											
UCase									●	●	
WeekDay									●		
With			●					●			
Workbooks											
WorkSheets		●	●		●	●	●			●	

EJERCICIOS EN HOJAS Y LIBROS

1. Crear hojas

Cree un procedimiento que permita crear x hojas y asignarles un nombre con una raíz común seguida de una cifra incrementada.

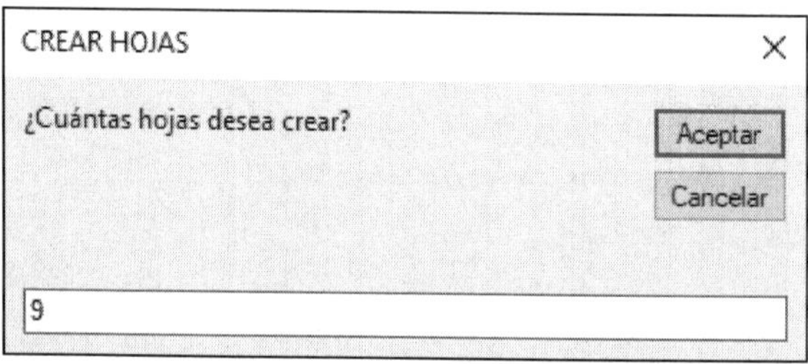

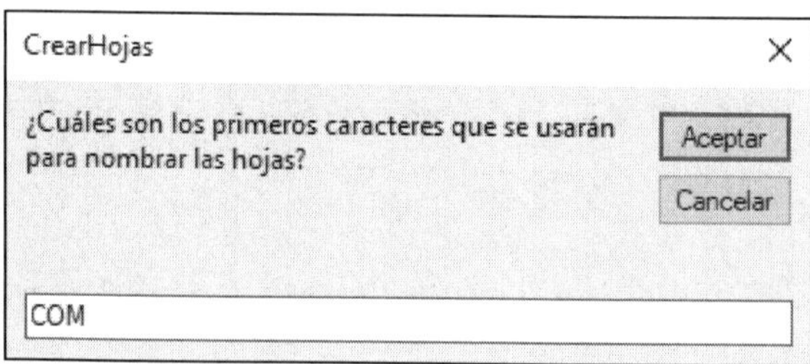

SOLUCIÓN PÁG. 182

EJERCICIOS EN HOJAS Y LIBROS

2. Crear hojas (2)

Cree un pequeño procedimiento que permita crear automáticamente el número de hojas necesario para alcanzar el número de hojas total del libro.

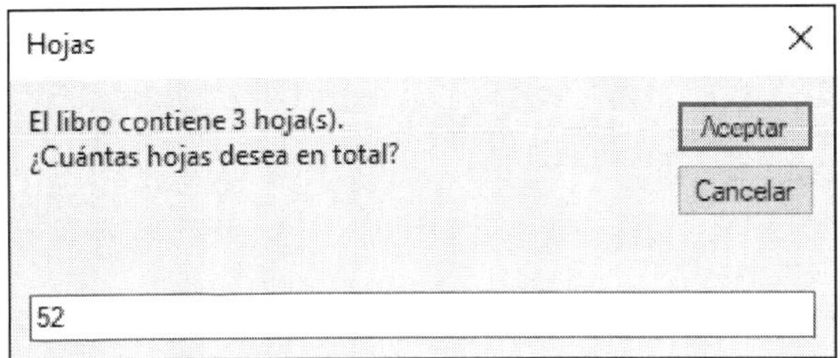

Deberá cambiarse el nombre de todas las hojas (incluidas las existentes en el libro) de acuerdo con la captura de pantalla que mostramos a continuación.

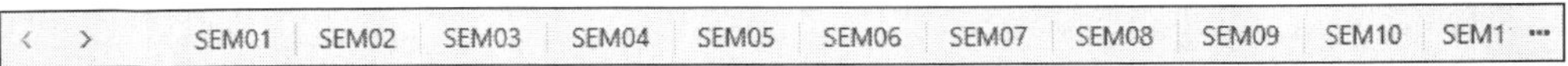

3. Eliminar hojas

 03-ElimHojas.xlsx

Se ha aplicado el color de relleno rojo a la celda **B1** de algunas de las hojas del libro **03-ElimHojas.xlsx**.

Cree una macro que permita eliminar todas las hojas que contengan una celda **B1** con dicho formato.

EJERCICIOS EN HOJAS Y LIBROS

4. Recuperar valores

 04-NuevosClientes.xlsx

El libro **04-NuevosClientes.xlsx** contiene 13 hojas con la misma estructura. Cada hoja contiene información sobre sus clientes. Los nuevos clientes contienen el valor **Sí** en la celda **B2**.

	A	B
1	NOMBRE	DELCAMPE
2	NUEVO CLIENTE	SÍ

Cree una macro que permita que aparezcan en vertical, en la hoja **NuevCli**, los nombres de los nuevos clientes. Los nombres de los nuevos clientes deben añadirse al final de la lista existente.

5. Color de pestaña

 05-ColorPestaña.xlsx

El libro **05-ColorPestaña.xlsx** contiene 14 hojas de estructura similar. Esas hojas (que corresponden a diferentes sectores) integran una tabla cuya celda **D22** contiene el total de ventas del sector.

Diseñe una primera macro para definir el color de la pestaña de las hojas en función del valor de la celda **D22**.

Configure el color de la pestaña rojo si el valor de **D22** es inferior a **20000** y si es superior configúrelo azul claro.

A continuación diseñe una segunda macro para hacer que las pestañas recuperen su color blanco.

EJERCICIOS EN HOJAS Y LIBROS

6. Color de pestaña por sectores

 06-ColorSector.xlsx

El libro **06-ColorSector.xlsx** contiene 15 hojas. En la celda **C1** figura el responsable del sector.

Cree una macro que permita aplicar el color de pestaña que se muestra en la siguiente tabla en función de su responsable de sector.

RESPONSABLE DE SECTOR	COLOR PESTAÑA
CERUTTI	VERDE
COUPET	AMARILLO
RICHARD	ROSA
MAUDIT	AZUL CLARO
DUREGNE	VIOLETA

7. Color de pestaña por código contable

 07-ColoresCódigosConta.xlsx

El libro **07-ColoresCódigosConta.xlsx** tiene varias hojas, cada una tiene nombre de un código contable.

Para facilitar la visualización de las raíces de las cuentas, aplique a las pestañas el color que se indica en la siguiente tabla:

CUENTAS	COLOR PESTAÑA
42xxx	Rojo
43xxx	Rosa
44xxx	Verde

EJERCICIOS EN HOJAS Y LIBROS

8. Impedir que se inserten o eliminen columnas

 08-ImpedirEliminarColumna.xlsx

El libro **08-ImpedirEliminarColumna.xlsx** contiene varias hojas, cada una contiene la misma tabla de cálculo.

Cree un procedimiento que impida al usuario insertar o eliminar columnas en cada una de las hojas del libro.

SOLUCIÓN PÁG. 186

9. Crear una hoja para cada día del mes

Diseñe una macro que, al introducir el número de mes y de año, cree una hoja para cada día del mes en el libro activo. Las pestañas correspondientes a los fines de semana deben aparecer en verde claro.

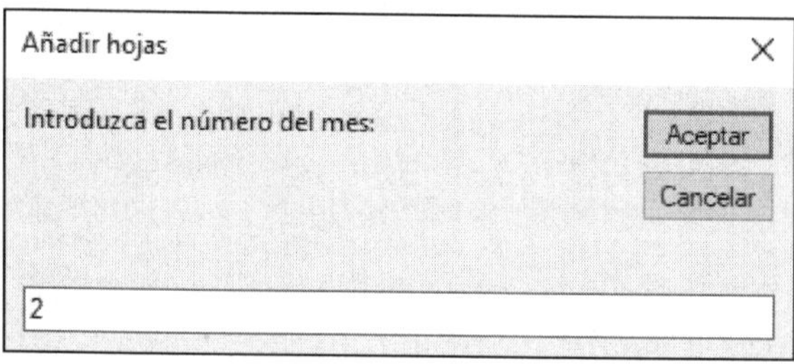

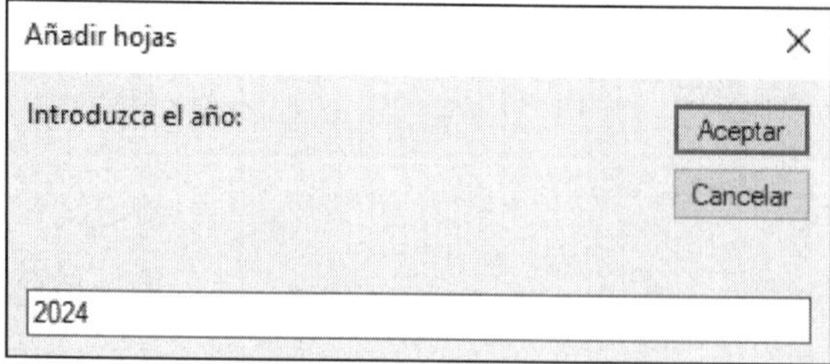

EJERCICIOS EN HOJAS Y LIBROS

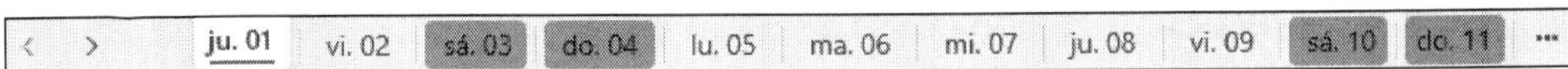

El mes y el año deberán introducirse en la celda **A1** de todas las hojas creadas.

SOLUCIÓN PÁG. 187

10. Consolidar los datos de varios libros

Carpeta EstadLibrosxlsx

La carpeta **EstadLibros** contiene 9 libros, 8 relacionados con datos de agencias y 1 libro de síntesis (**ConsoliEstad**).

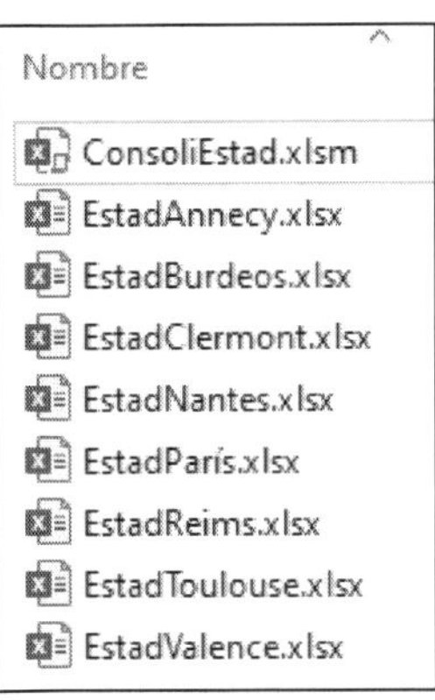

EJERCICIOS EN HOJAS Y LIBROS

A continuación, la hoja 1 del libro **ConsoliEstad.xlsm**.

	A	B
1	**Agencias**	**Ventas**
2		
3		
4		
5		

Cree un procedimiento que permita añadir en el libro **ConsoliEstad** las celdas **A1** y **B1** de cada libro.

	A	B
1	**Agencias**	**Ventas**
2	ANNECY	2527
3	BURDEOS	5491
4	CLERMONT	4567
5	NANTES	3116
6	PARÍS	2548
7	REIMS	2319
8	TOULOUSE	2530
9	VALENCE	2834

EJERCICIOS EN HOJAS Y LIBROS

11. Crear un sumario

 11-Sumario.xlsm

El libro **11-Sumario.xlsm** contiene varias hojas. Cree un procedimiento que inserte en la hoja **Sumario** un hipervínculo que lleve a cada una de las hojas del libro.

	A
1	Lista de hojas
2	Estad.
3	Aix
4	Annecy
5	Aviñón
6	Burdeos
7	Bourgoin
8	Caen
9	Clermont
10	Lyon
11	Montelimar
12	Nantes
13	Niza
14	París
15	Reims
16	Valence
17	Vienne

Diseñe también un procedimiento que permita volver a la primera hoja del libro, utilizando el atajo de teclado Ctrl ⇧ **A**

SOLUCIÓN PÁG. 189

EJERCICIOS EN HOJAS Y LIBROS

ENUNCIADO 8

PROCEDIMIENTOS DE EVENTOS

PROPIEDADES/FUNCIONES/PALABRAS CLAVE UTILIZADAS 94
1. Creación de imágenes 96
2. Variación del porcentaje mediante clics sucesivos. 97
3. Código de acceso a una celda 98
4. Historial de los presupuestos 99
5. Cambiar el tipo de gráfico al hacer clic 100
6. Colorear la fila con el cursor 101
7. Crear una copia de seguridad del libro 101
8. Creación automática de un archivo PDF 102
9. Entrada de valores sin duplicados 103
10. Aplicar formato automático de texto 104

PROCEDIMIENTOS DE EVENTOS

PROPIEDADES/FUNCIONES/PALABRAS CLAVE UTILIZADAS

	EJERCICIO N°									
	1	2	3	4	5	6	7	8	9	10
ActiveCell	●	●	●	●						●
ActiveChart					●					
ActiveSheet					●		●			
ActiveWorkbook							●			
Address	●	●	●	●	●				●	
Cells										●
ChartObjects					●					
ChartType					●					
Characters										●
Choose										
Chr			●							
ClearContents				●						
ColorIndex						●				
CopyPicture	●									
Date							●			
Font										●
Format							●			
If	●	●	●	●	●	●		●	●	●
InputBox			●							
InStr										●
Intersect										●
MsgBox				●			●		●	
Offset										
Paste	●									
Path										

PROCEDIMIENTOS DE EVENTOS

	EJERCICIO N°									
	1	2	3	4	5	6	7	8	9	10
Range	●	●		●	●	●			●	●
Row										●
SaveAs							●			
Select Case					●					
Sheets										
Target				●	●	●			●	●
Time										
Ucase				●						●
WorkSheets	●									
Year								●		

PROCEDIMIENTOS DE EVENTOS

1. Creación de imágenes

 01-Imágenes.xlsm

La hoja **TARIFA** del libro **01-Imágenes.xlsx** contiene dos tablas.

TARIFAS 2023

Productos regionales Francia

PRODUCTOS	PRECIO PUBLICO sin imp.	MINORISTAS	MAYORISTAS	OTROS
TERRINA DE PATO	3,61 €	3,07 €	2,71 €	3,39 €
TERRINA DE JABALÍ	3,69 €	3,14 €	2,77 €	3,47 €
TERRINA DE CORZO	4,15 €	3,53 €	3,11 €	3,90 €
TERRINA DE LIEBRE	2,59 €	2,20 €	1,94 €	2,43 €
TERRINA DE ATÚN	3,98 €	3,38 €	2,99 €	3,74 €
TERRINA DE SALMÓN	4,19 €	3,56 €	3,14 €	3,94 €
TERRINA DE AVESTRUZ	2,78 €	2,36 €	2,09 €	2,61 €

	MINORISTAS	MAYORISTAS	OTROS
PEDIDO MÍNIMO	400,00 €	1.200,00 €	100,00 €

TARIFAS 2024

Productos regionales Francia

PRODUCTOS	PRECIO PUBLICO sin imp.	MINORISTAS	MAYORISTAS	OTROS
TERRINA DE PATO	3,75 €	3,19 €	2,82 €	3,53 €
TERRINA DE JABALÍ	3,84 €	3,26 €	2,88 €	3,61 €
TERRINA DE CORZO	4,32 €	3,67 €	3,24 €	4,06 €
TERRINA DE LIEBRE	2,69 €	2,29 €	2,02 €	2,53 €
TERRINA DE ATÚN	4,14 €	3,52 €	3,10 €	3,89 €
TERRINA DE SALMÓN	4,36 €	3,70 €	3,27 €	4,10 €
TERRINA DE AVESTRUZ	2,89 €	2,46 €	2,17 €	2,72 €

	MINORISTAS	MAYORISTAS	OTROS
PEDIDO MÍNIMO	400,00 €	1.200,00 €	100,00 €

Cree un procedimiento de eventos que realice una copia de la pantalla de la tarifa correspondiente cuando se haga doble clic en una de las dos celdas azules.

SOLUCIÓN PÁG. 192

PROCEDIMIENTOS DE EVENTOS

2. Variación del porcentaje mediante clics sucesivos

 02-Variación.xlsm

Quiere simplificar la simulación de variación de precio que debe aplicar. Cree un procedimiento de eventos que permita cambiar el porcentaje introducido en **C5**.

- 1 clic en el signo - disminuye la celda **C5** del valor situado en **B3**.
- 1 clic en el signo + aumenta la celda **C5** del valor situado en **C3**.

	A	B	C
1			
2		-	+
3		1%	1%
4			
5			0%
6			
7	**CÓDIGOS ARTÍCULOS**	**PRECIO**	**NUEVO PRECIO**
8	CLB-401	15,54	15,54
9	CLB-402	26,01	26,01
10	CLB-403	20,20	20,20
11	CLB-404	15,11	15,11
12	CLB-405	16,31	16,31
13	CLB-406	22,96	22,96
14	CLB-407	16,15	16,15
15	CLB-408	21,40	21,40
16	CLB-409	25,78	25,78
17			-
18			-
19			-
20			-

PROCEDIMIENTOS DE EVENTOS

3. Código de acceso a una celda

 03-AutorizaciónModif.xlsm

La tabla que aparece continuación permite calcular nuevos sueldos en función de un porcentaje de aumento.

Cree un procedimiento de eventos que solicite un código de acceso cuando el usuario haga clic en **C3** para introducir el porcentaje de aumento.

	A	B	C	D
1		CÁLCULO DE AUMENTO		
2				
3		PORCENTAJE DE AUMENTO		
4				
5		EMPLEADOS	SUELDOS	NUEVOS SUELDOS
6		CANLERS	1.875,00	1.875,00
7		CHEVALIER	1.865,00	1.865,00
8		EMERIT	2.018,00	2.018,00
9		FARAON	1.975,00	1.975,00
10		FILLOZ	2.702,00	2.702,00
11		STELANDRE	2.346,00	2.346,00
12		PASCALET	2.389,00	2.389,00
13		TERROIR	2.740,00	2.740,00
14				-
15				-
16				-
17				-
18				-

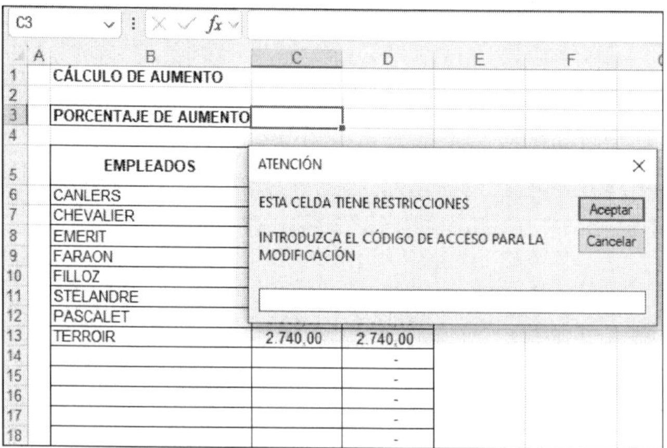

SOLUCIÓN PÁG. 193

PROCEDIMIENTOS DE EVENTOS

4. Historial de los presupuestos

 04-HistorialPresupuesto.xlsm

El libro **HistorialPresupuesto** contiene dos hojas de cálculo (**ENTRADA** y **LISTA**). La hoja **ENTRADA** contiene un resumen de un presupuesto.

	A	B	C
1		ELABORACIÓN DE PRESUPUESTO	
2			
3		FECHA	09/08/2024
4			
5		CLIENTE	
6		ASESOR	
7		TIPO DE PRESTACIÓN	
8		IMPORTE	

Una vez introducidos los diferentes elementos y validado el importe de la prestación, las informaciones se enviarán automáticamente a la hoja **LISTA** antes de que se borren de la hoja **ENTRADA**.

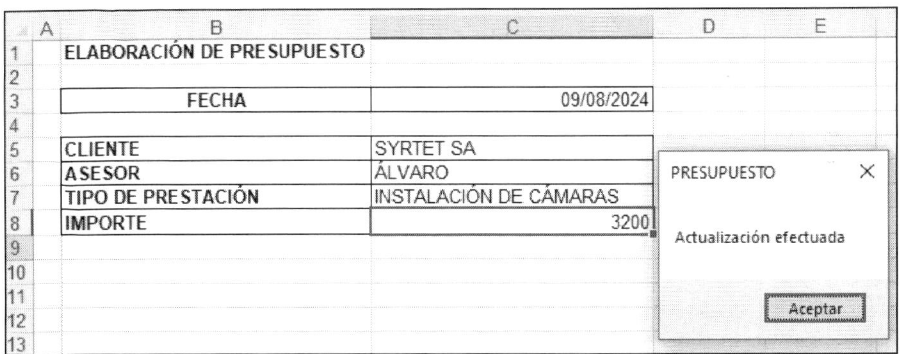

	A	B	C	D	E
1		ELABORACIÓN DE PRESUPUESTO			
2					
3		FECHA	09/08/2024		
4					
5		CLIENTE	SYRTET SA		
6		ASESOR	ÁLVARO		
7		TIPO DE PRESTACIÓN	INSTALACIÓN DE CÁMARAS		
8		IMPORTE	3200		
9					
10					
11					
12					
13					

	A	B	C	D	E
1	FECHA	CLIENTE	ASESOR	TIPO DE PRESTACIÓN	IMPORTE
2	09/08/2024	SYRTET SA	ÁLVARO	INSTALACIÓN DE CÁMARAS	3.200,00 €
3	09/08/2024	MARCELIN	LUCÍA	MANTENIMIENTO INSTALACIONES	1.589,00 €
4					

SOLUCIÓN PÁG. 194

PROCEDIMIENTOS DE EVENTOS

5. Cambiar el tipo de gráfico al hacer clic

 05-CambiarTipoGráfico.xlsm

El libro **05-CambiarTipoGráfico.xlsm** contiene una tabla y un gráfico asociado.

Diseñe un procedimiento de eventos que modifique automáticamente el tipo de gráfico cuando el usuario haga clic en una de las 4 celdas **E3** a **E6**, según el tipo de gráfico seleccionado.

	Número de entradas
Enero	1932
Febrero	1260
Marzo	1512
Abril	3798
Mayo	2016
Junio	3209
Julio	4856
Agosto	4442
Septiembre	3624
Octubre	2688
Noviembre	3780
Diciembre	4228

TIPO DE GRÁFICO
HISTOGRAMA
CILINDROS
ÁREAS
CURVA

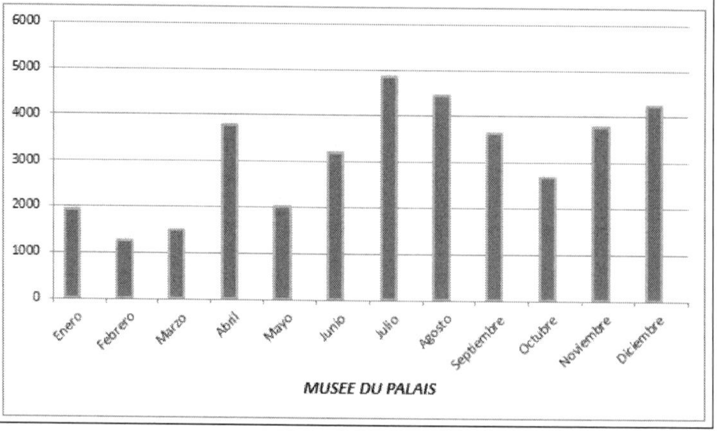

MUSEE DU PALAIS

SOLUCIÓN PÁG. 195

PROCEDIMIENTOS DE EVENTOS

6. Colorear la fila con el cursor

 06-ColoraciónLínea.xlsm

Cree un procedimiento de eventos que permita aplicar un color de relleno a las celdas de las columnas **A** a **H** y **J** a **O** en la fila en la que se encuentre el cursor.

Este color de relleno no debe aplicarse a las filas **4** a **25** de la tabla.

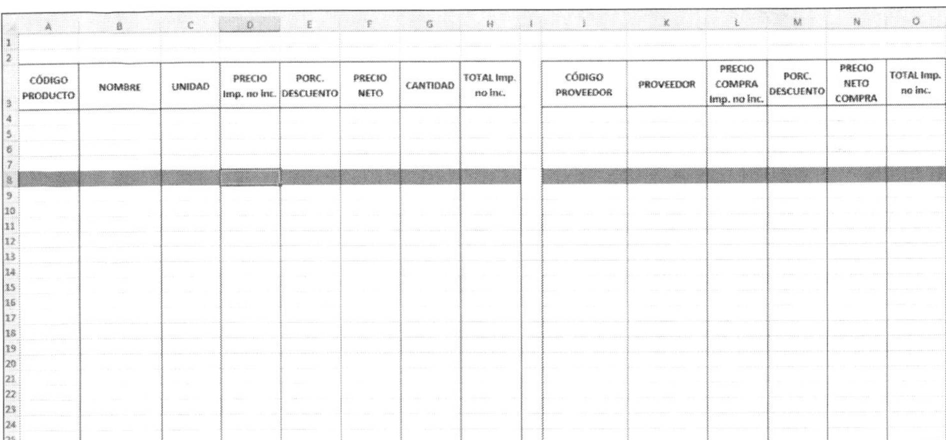

SOLUCIÓN PÁG. 197

7. Crear una copia de seguridad del libro

 07-CopiaSeguridad.xlsm

Cree un procedimiento de eventos que cree automáticamente una copia de seguridad del libro cuando se cierre.

Esta copia de seguridad deberá llamarse: Seguimiento Año-N°Mes-N°día Hora-Minutos-Segundos.xlsx

Ejemplo: **Seguimiento 2023-07-11_17-35-33.xlsx**

SOLUCIÓN PÁG. 198

PROCEDIMIENTOS DE EVENTOS

8. Creación automática de un archivo PDF

 08-CreaciónPDFAuto.xlsm

El libro **CreaciónPDFAuto.xlsm** contiene una tabla de cálculo de presupuesto. Cree un procedimiento de eventos que permita generar automáticamente el PDF del presupuesto cuando el usuario marque la casilla **ESTIMACIÓN de coste**.

El archivo generado debe llamarse: Año-N°Presupuesto-Cliente.PDF.

Ejemplo: 2023-2458-S.L. BERYSTORE.PDF

	A	B	C	D	E	F
1	**MECA FOUR**					
2						
3				**PRESUPUESTO N°**	2458	
4				**El**	26/09/2023	
5						
6				BERYSTORE S.L.		
7				C/Miguel de Cervantes		
8				28000 Madrid		
9						
10	**CÓDIGO ARTÍCULO**	**NOMBRE**	**PRECIO Imp. no incl.**	**PORC. DESCUENTO**	**CANTIDAD**	**TOTAL Imp. no incl.**
11	PR-006	Tuerca M12	0,12	5%	100	11,40
12	PR-008	Tuerca M14	0,16	5%	200	30,40
13	PR-530	Tuerca M16	0,18	5%	500	85,50
14	PR-190	Tuerca acero inx. M16	0,24	10%	200	43,20
15	PR-300	Tuerca acero inx. M20	0,29	10%	200	52,20
16						-
17						-
18						-
19						-
20						-
21						-
22						-
23						-
24						-
25						-
26						-
27						-
28						-
29						-
30						-
31						-
32						-
33					TOTAL Imp.	
34					No incl.	222,70
35					IVA 20%	44,54
36					**TOTAL**	**267,24**
37						
38					☐ ESTIMACIÓN de coste	

SOLUCIÓN PÁG. 198

PROCEDIMIENTOS DE EVENTOS

9. Entrada de valores sin duplicados

 09-EntradaValoresÚnicos.xlsm

El libro **09-EntradaValoresÚnicos.xlsm** contiene una lista de dorsales de corredores que han completado un trail.

	A	B	C	D
1	**Número de dorsales**			Añadir un dorsal
2	7033			
3	3741			
4	4003			
5	8612			
6	5011			
7	6309			
8	7050			
9	15205			

La introducción de nuevos dorsales se debe realizar en la celda **E1**.

Muestre el cuadro de diálogo que aparece a continuación cuando se introduzca un dorsal que ya figure en el libro:

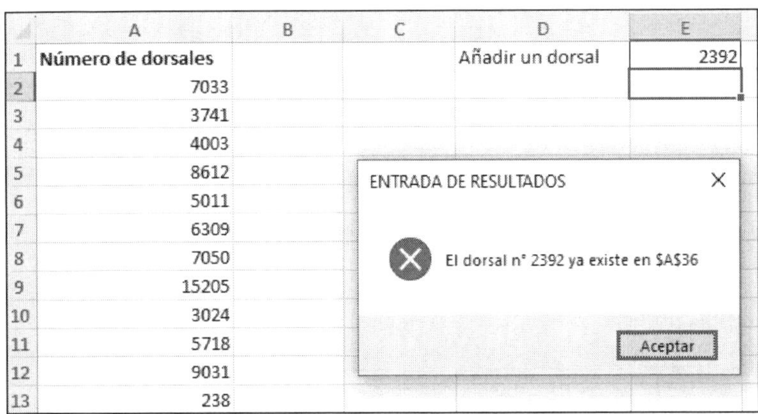

PROCEDIMIENTOS DE EVENTOS

Muestre el cuadro de diálogo que aparece a continuación cuando se introduzca un dorsal nuevo:

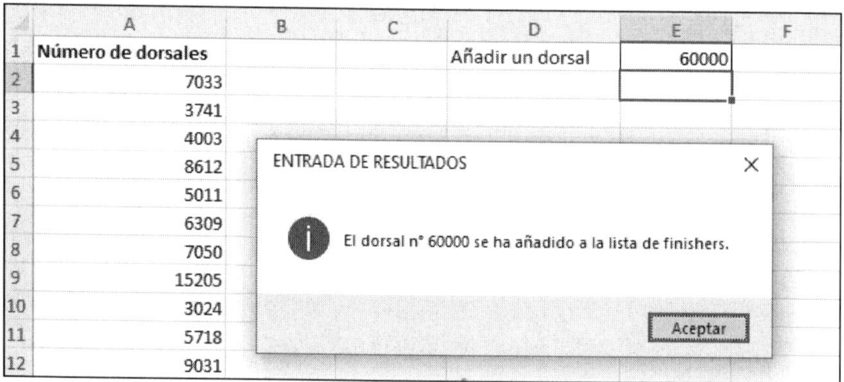

SOLUCIÓN PÁG. 199

10. Aplicar formato automático de texto

 10-FormatTxt.xlsm

El libro **10-FormatTxt** permite introducir nombres de productos.

Cree un procedimiento que permita aplicar automáticamente el formato negrita a la primera palabra introducida, así como una inicial en mayúscula.

	A	B	C
1	Códigos	**Nombres**	Precios
2	32	**Formación** Excel VBA	22,00 €
3	38	**Acceso** nivel 2	36,00 €
4	45	**PowerPoint** VBA	19,00 €
5	56	**Gestión** de proyecto con MS PROJECT	23,00 €
6			
7			
8			

SOLUCIÓN PÁG. 200

ENUNCIADO 9

LOS FORMULARIOS

HERRAMIENTAS UTILIZADAS 106
PROPIEDADES/FUNCIONES/PALABRAS CLAVE UTILIZADAS 106
1. Botones de opción 108
2. Lista desplegable 109
3. Introducción de becarios 109
4. Cálculo de fechas 111
5. Selección de equipos para los partidos 111
6. Selección de equipos ocultos 112
7. Introducción de viajes 113
8. Imágenes en formulario 114
9. Lista filtrada por otra lista 115
10. Cálculo de costes de obras 116

LOS FORMULARIOS

HERRAMIENTAS UTILIZADAS

		EXERCICE N°									
		1	2	3	4	5	6	7	8	9	10
Cuadro de lista editable (Combox)				●						●	●
Botón de comando (CommandButton)		●	●	●	●	●	●	●	●	●	●
Marco (Frame)		●									
Cuadro de lista (ListBox)			●			●	●	●	●		
Botón de opción (OptionButton)		●						●			
Cuadro de texto (TextBox)				●	●			●			●
Casilla											●
Imagen								●	●		

PROPIEDADES/FUNCIONES/PALABRAS CLAVE UTILIZADAS

	EJERCICIO N°									
	1	2	3	4	5	6	7	8	9	10
ActiveCell			●		●	●	●			
Address		●	●				●	●	●	●
AddItem					●	●				
Application.Match					●	●				
Application.WorksheetFunction					●	●				
CCur			●				●			

LOS FORMULARIOS

	EJERCICIO N°									
	1	2	3	4	5	6	7	8	9	10
CDate			●				●			
Choose									●	
ClearContents					●	●				
CountA					●	●				
For					●	●				
If	●		●	●	●	●	●			●
IsNumeric										●
List		●			●	●	●	●	●	●
ListIndex		●	●		●	●	●	●	●	●
LoadPicture								●		
MsgBox	●		●				●			
Offset					●	●				
Picture							●	●		
Range		●	●		●	●	●	●	●	●
RowSource		●	●				●	●	●	●
UCase			●							
VLookup						●				
Value		●								●
WeekDay				●						
While				●						
With					●	●				
WorksheetFunction						●				●

LOS FORMULARIOS

1. Botones de opción

Diseñe un formulario que permita ver la selección efectuada en un cuadro de diálogo.

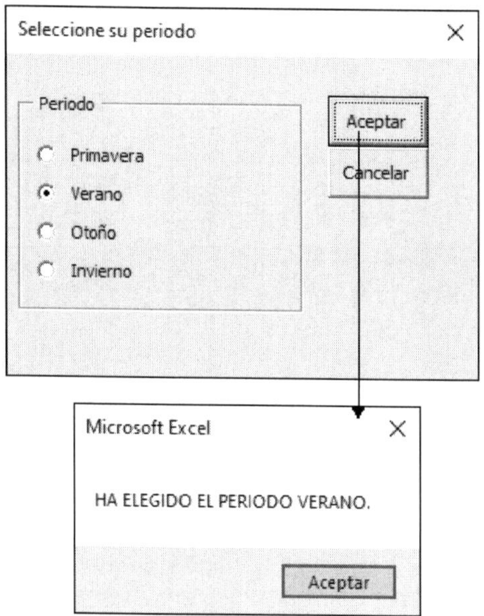

SOLUCIÓN PÁG. 202

LOS FORMULARIOS

2. Lista desplegable

 02-ListaDesplegable.xlsm

Cree un formulario que permita seleccionar una forma de pago en la lista propuesta a partir de A1 e inserte la selección en la celda **D1**.

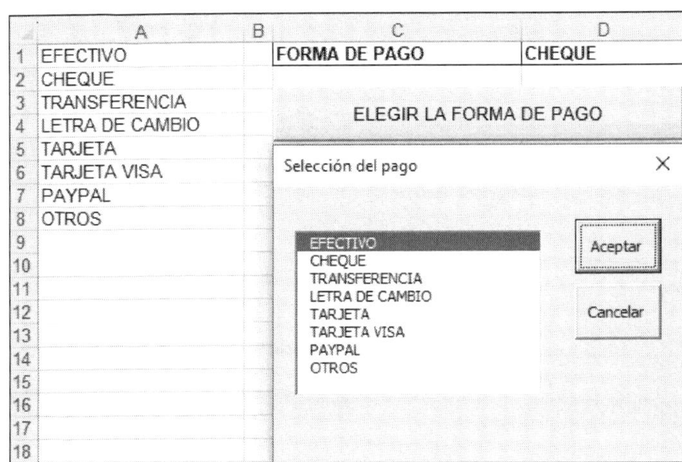

SOLUCIÓN PÁG. 205

3. Introducción de becarios

 03-Prácticas.xlsm

El libro contiene dos hojas: **Listas** e **Inscritos**.

La hoja **Listas** contiene, a partir de **G1**, los datos relacionados con las prácticas de informática.

LOS FORMULARIOS

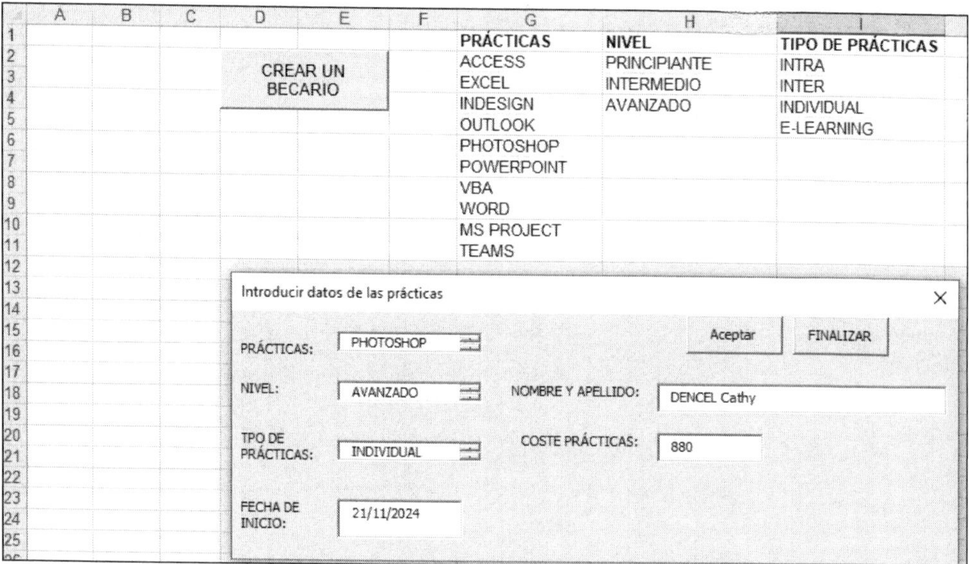

Su objetivo es crear un formulario que permita introducir información relativa a un becario y memorizarlo en la hoja **Inscritos**.

Al hacer clic en el botón **Aceptar** del formulario, la información introducida debe añadirse a la primera línea vacía de la hoja **Inscritos**.

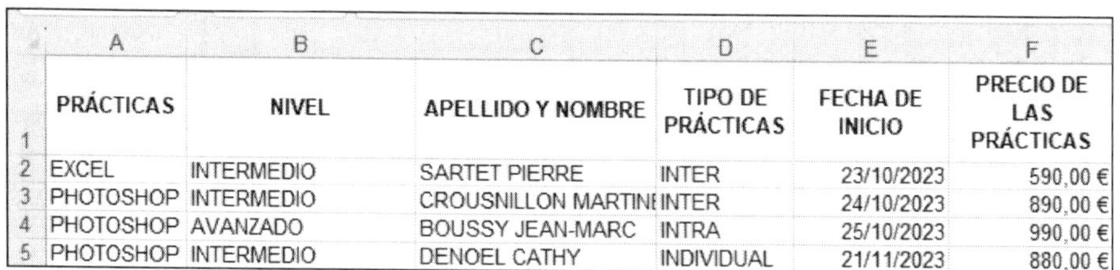

	A	B	C	D	E	F
1	PRÁCTICAS	NIVEL	APELLIDO Y NOMBRE	TIPO DE PRÁCTICAS	FECHA DE INICIO	PRECIO DE LAS PRÁCTICAS
2	EXCEL	INTERMEDIO	SARTET PIERRE	INTER	23/10/2023	590,00 €
3	PHOTOSHOP	INTERMEDIO	CROUSNILLON MARTINI	INTER	24/10/2023	890,00 €
4	PHOTOSHOP	AVANZADO	BOUSSY JEAN-MARC	INTRA	25/10/2023	990,00 €
5	PHOTOSHOP	INTERMEDIO	DENOEL CATHY	INDIVIDUAL	21/11/2023	880,00 €

SOLUCIÓN PÁG. 207

LOS FORMULARIOS

4. Cálculo de fechas

 04-FechasEspecíficas.xlsm

Cree un formulario para calcular, en el periodo comprendido entre dos fechas:

- el número de viernes 13;
- el número de meses que comienzan en lunes.

Al pulsar en el botón **CALCULAR**, se deben mostrar los resultados.

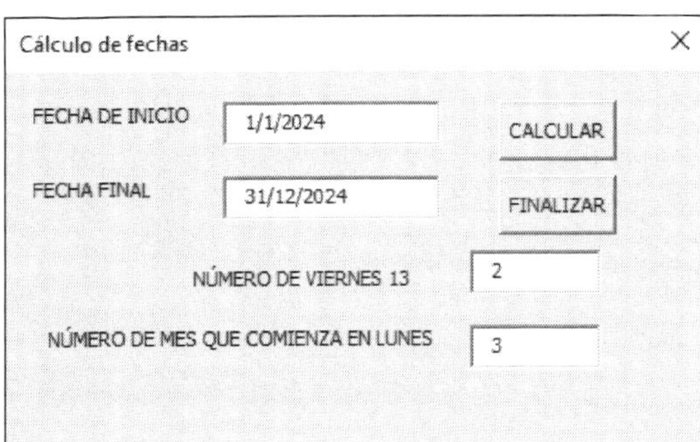

SOLUCIÓN PÁG. 211

5. Selección de equipos para los partidos

 05-SelecciónEquipos.xlsm

Conciba un formulario que permita seleccionar los equipos que deban jugar el uno contra el otro.

Cada equipo seleccionado deberá desaparecer de la lista.

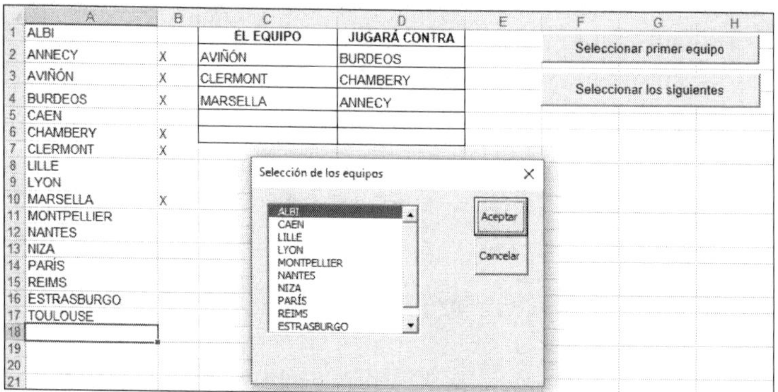

SOLUCIÓN PÁG. 213

6. Selección de equipos ocultos

 06-SelecciónEquipos2.xlsm

Utilizando el mismo principio que en el ejercicio anterior, seleccione los equipos.

Para no influenciar a la persona encargada del sorteo, cada equipo debe aparecer en la zona de la lista de forma codificada.

Las columnas A a C deben quedar ocultas.

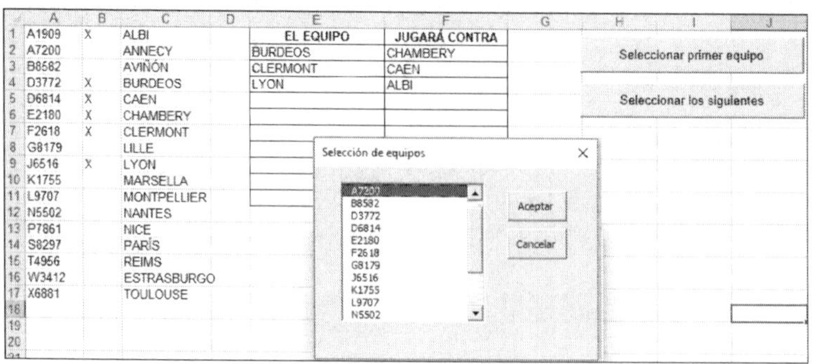

SOLUCIÓN PÁG. 217

LOS FORMULARIOS

7. Introducción de viajes

 07-Viajes.xlsm, Logo.jpg

Para poder obtener estadísticas de los viajes realizados por sus clientes, diseñe un formulario para introducir datos. El libro debe contener dos hojas **País** y **Datos**.

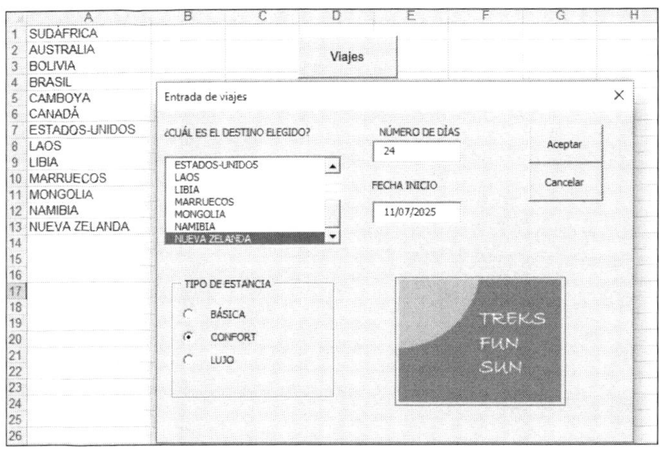

Si no se completan todas las opciones necesarias, debe aparecer una serie de mensajes.

La hoja **Datos** tras la actualización:

	A	B	C	D
1	**TIPO DE ESTANCIA**	**DESTINO**	**DURACIÓN**	**FECHA DE INICIO**
2	Lujo	AUSTRALIA	38	03/03/2024
3	Confort	ESTADOS-UNIDOS	20	05/03/2024
4	Confort	CAMBOYA	12	07/03/2024
5	Básico	BOLIVIA	16	09/03/2024
6	Confort	ESTADOS-UNIDOS	15	11/03/2024
7	Confort	ESTADOS-UNIDOS	15	03/07/2024
8	Lujo	CANADÁ	28	03/07/2024
9	Confort	CANADÁ	26	03/07/2024
10	Lujo	AUSTRALIA	20	25/08/2024
11	Confort	BRASIL	24	17/10/2024
12	Confort	NUEVA ZELANDA	24	11/07/2025
13				

SOLUCIÓN PÁG. 219

LOS FORMULARIOS

8. Imágenes en formulario

 08-Imágenes.xlsm, Archivos imágenes de banderas en formato jpg

Diseñe un formulario de vista interactiva de fotos (formato jpeg).

Al seleccionar un país de la lista se mostrará automáticamente la imagen de la bandera correspondiente.

Puede descargar las fotos ofrecidas o bien utilizar las suyas propias.

Para este ejemplo, las fotos se han guardado en una carpeta: C:\ImagesVBA\

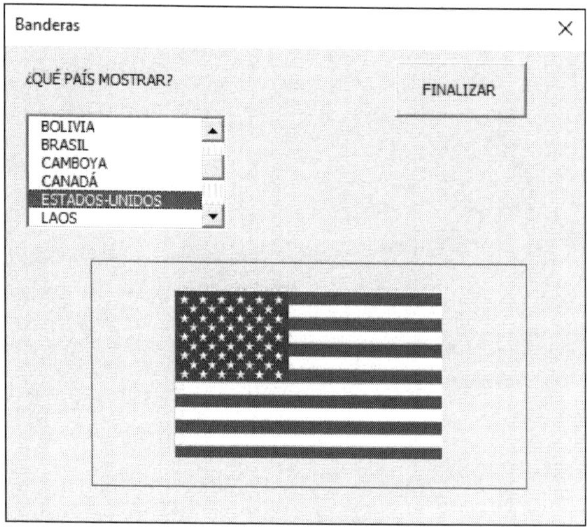

SOLUCIÓN PÁG. 222

LOS FORMULARIOS

9. Lista filtrada por otra lista

 09-Lista Filtrada.xlsm

Diseñe un formulario compuesto por dos cuadros de lista editables, el primero (**Categoría**) filtra los datos del segundo (**Ingredientes**).

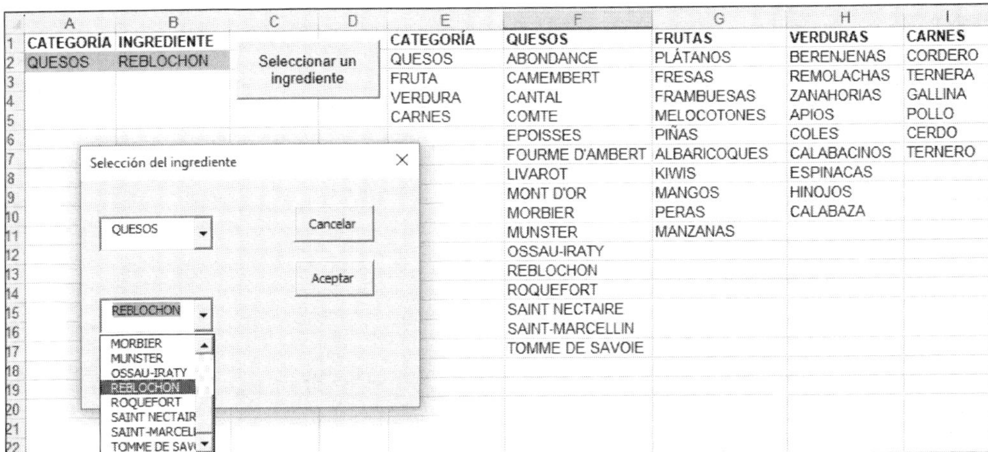

La información que debe mostrarse en las dos listas se encuentra en el libro **09-Lista Filtrada.xlsm**

Los datos seleccionados se insertarán en **A2** y **B2** respectivamente.

SOLUCIÓN PÁG. 226

LOS FORMULARIOS

10. Cálculo de costes de obras

 10-CosteObras.xlsm

Diseñe un formulario que permita calcular el coste de las obras.

La lista de los costes se debe introducir en la hoja **OBRAS**.

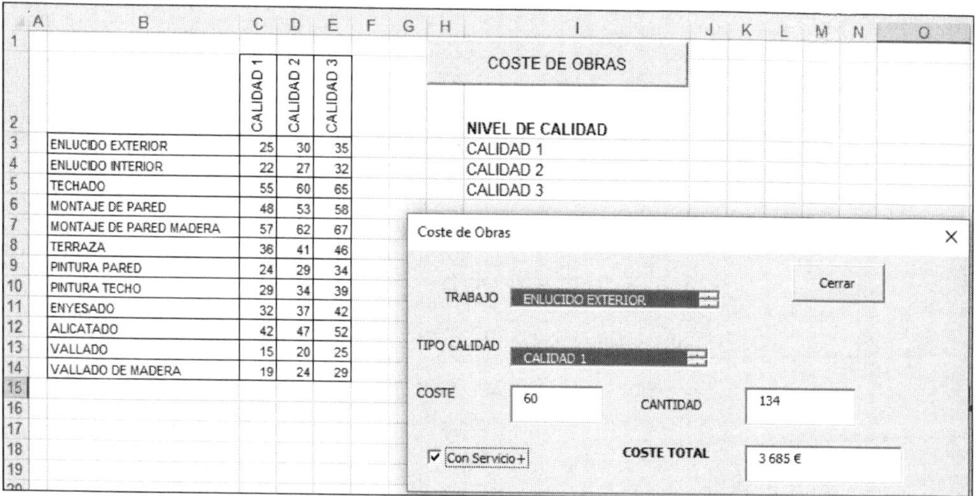

	CALIDAD 1	CALIDAD 2	CALIDAD 3
ENLUCIDO EXTERIOR	25	30	35
ENLUCIDO INTERIOR	22	27	32
TECHADO	55	60	65
MONTAJE DE PARED	48	53	58
MONTAJE DE PARED MADERA	57	62	67
TERRAZA	36	41	46
PINTURA PARED	24	29	34
PINTURA TECHO	29	34	39
ENYESADO	32	37	42
ALICATADO	42	47	52
VALLADO	15	20	25
VALLADO DE MADERA	19	24	29

SOLUCIÓN PÁG. 229

SOLUCIÓN 1

MACROS GRABADAS

1. Macro de selección de columnas 118
2. Macro de impresión 124
3. Macro de filtrado de lista 126
4. Macro de formato de los títulos 127
5. Añadir un botón a la barra de herramientas Acceso rápido 130

MACROS GRABADAS

1. Macro de selección de columnas

Las acciones

Ir la pestaña Programador

Si aún no ha trabajado con la pestaña **Programador**, actívela.

1. Haga clic con el botón derecho en la cinta y seleccione **Personalizar la cinta de opciones**.
2. En la categoría **Personalizar la cinta de opciones**, lista **Pestañas principales**, active la casilla de verificación **Programador** y haga clic en **Aceptar**.

Se añade una pestaña a la cinta a la derecha de la pestaña **Vista**.

Grabar la macro

1. Sitúe el cursor en una celda cualquiera de la hoja.
2. Seleccione la pestaña **Programador**.
3. Haga clic en el botón **Grabar macro**.

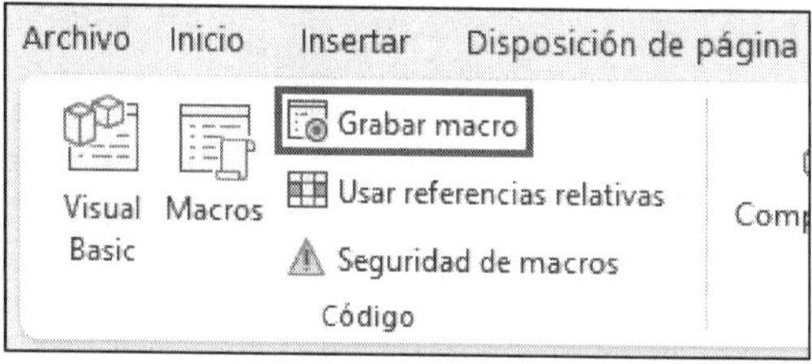

MACROS GRABADAS

4 Compruebe que el teclado está en minúsculas e introduzca el nombre de la macro.

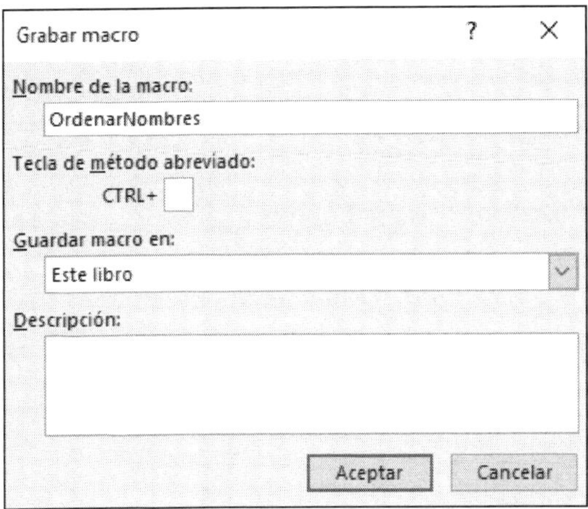

Haga clic en **Aceptar**.

A partir de ese momento Excel guarda todas las acciones que se lleven a cabo.

5 Haga clic en una celda de la tabla y en la pestaña **Datos** - grupo **Ordenar y filtrar**, a continuación haga clic en **Ordenar**.

6 Marque la opción **Mis datos tienen encabezados** y seleccione **Ordenar por NOMBRE**:

MACROS GRABADAS

Confirme haciendo clic en **Aceptar**.

7 Haga clic en la celda **A1**.

8 En la pestaña **Programador**, grupo **Código**, haga clic en **Detener grabación** para terminar la grabación de la macro [Detener grabación].

También puede hacer clic en el botón **Detener la grabación** [Listo] situado en la barra de estado.

9 Para ver el código de la macro, haga clic en el botón **Macros** o [Alt][F8]; aparecerá la ventana **Macro.**

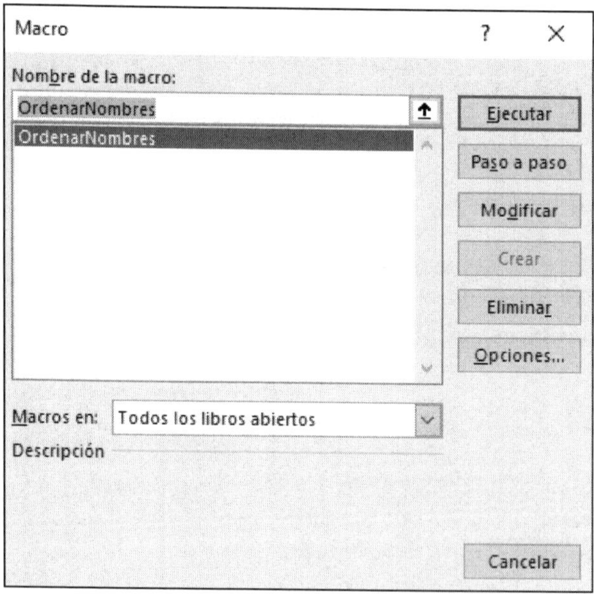

10 Seleccione la macro **OrdenarNombres** y haga clic en **Modificar**.

MACROS GRABADAS

El código

```
Sub OrdenarNombres()
'
'  OrdenarNombres Macro

   Range("A1").Select
   ActiveWorkbook.Worksheets("ORDENAR").Sort.SortFields.Clear
   ActiveWorkbook.Worksheets("ORDENAR").Sort.SortFields.Add2
Key:=Range("B2:B61"), _
       SortOn:=xlSortOnValues, Order:=xlAscending,
DataOption:=xlSortNormal
   With ActiveWorkbook.Worksheets("ORDENAR").Sort
       .SetRange Range("A1:G61")
       .Header = xlYes
       .MatchCase = False
       .Orientation = xlTopToBottom
        .SortMethod = xlPinYin
       .Apply
   End With
   Range("A1").Select
End Sub
```

10 Remplazar el rango A1:A61 por A1:G100 y B2:B61 por B2:B100:

```
Sub OrdenarNombres()
'
' OrdenarNombres Macro

    Range("A1").Select
    ActiveWorkbook.Worksheets("ORDENAR").Sort.SortFields.Clear
    ActiveWorkbook.Worksheets("ORDENAR").Sort.SortFields.Add2
Key:=Range("B2:B100"), _
        SortOn:=xlSortOnValues, Order:=xlAscending,
DataOption:=xlSortNormal
    With ActiveWorkbook.Worksheets("ORDENAR").Sort
      .SetRange Range("A1:GC100")
        .Header = xlYes
        .MatchCase = False
        .Orientation = xlTopToBottom
        .SortMethod = xlPinYin
        .Apply
```

MACROS GRABADAS

```
    End With
Range("A1").Select
End Sub
```

Guardar el libro

1. Pulse Alt Q para volver a Excel, y vaya a **Archivo - Guardar como**.
2. Asigne un nombre al libro.
3. En **Tipo**, seleccione la opción **Libro de Excel habilitado para macros (*.xlsm)** y haga clic en **Guardar**.

Repita estas operaciones para la macro de ordenar por sueldos decrecientes.

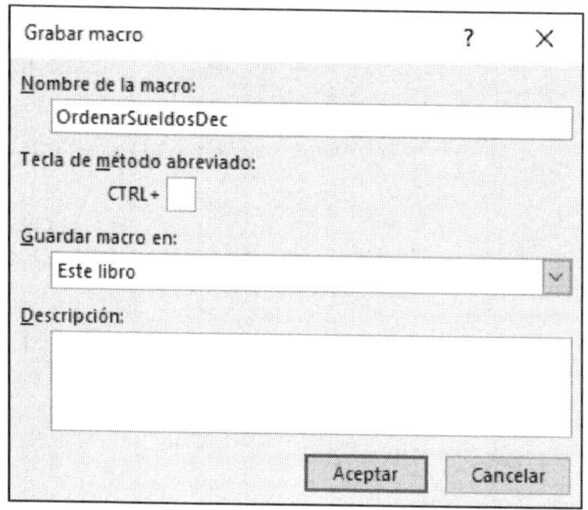

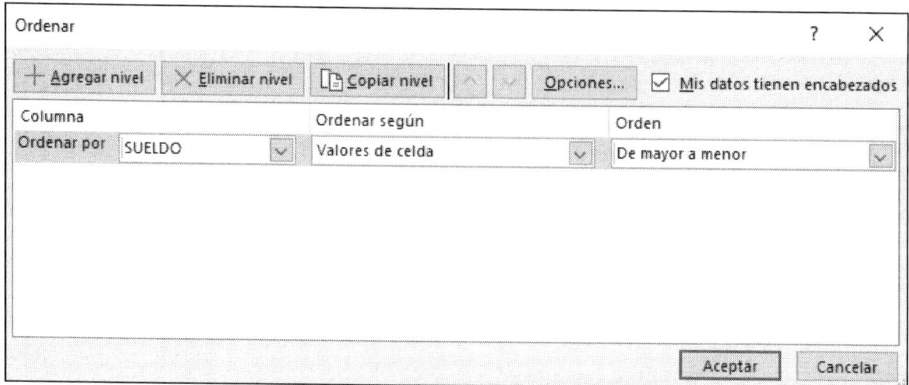

MACROS GRABADAS

El código definitivo

```
Sub OrdenarSueldosDec()
'
' OrdenarSueldosDec Macro
'
    Range("A1").Select
    ActiveWorkbook.Worksheets("ORDENAR").Sort.SortFields.Clear
    ActiveWorkbook.Worksheets("ORDENAR").Sort.SortFields.Add2
Key:=Range("F2:F100"), _
        SortOn:=xlSortOnValues, Order:=xlDescending,
DataOption:=xlSortNormal
   With ActiveWorkbook.Worksheets("ORDENAR").Sort
       .SetRange Range("A1:G100")
       .Header = xlYes
       .MatchCase = False
       .Orientation = xlTopToBottom
       .SortMethod = xlPinYin
       .Apply
   End With
End Sub
```

Crear los botones de inicio de las macros

1. En la pestaña **Programador** - grupo **Controles de formulario**, botón **Insertar - Controles de formulario**, haga clic en la herramienta **Botón**:

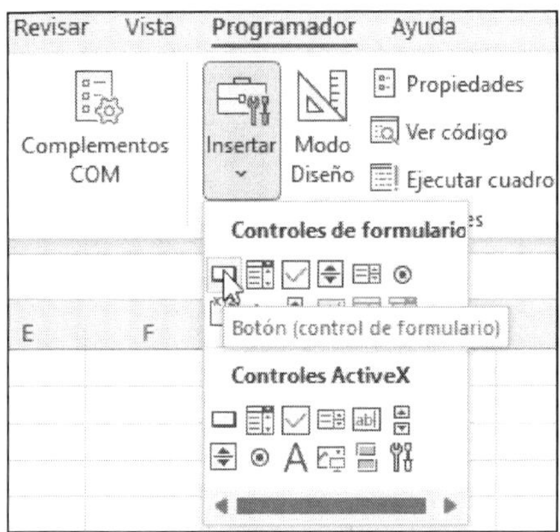

MACROS GRABADAS

2. Utilizando el ratón, trace un rectángulo junto al título de la columna B.
3. Seleccione la macro **OrdenarNombres** y confirme haciendo clic en **Aceptar**.
4. Seleccione el texto del botón y en su lugar escriba **Ordenar**.
5. Haga clic en la hoja para dejar de seleccionar el botón.
6. Repita las operaciones con la segunda macro usando el texto **OrdenDec**.

Si quiere mover, agrandar, reducir, etc. un botón, haga clic con el botón derecho sobre él para seleccionarlo y utilice los cursores de ángulo para modificar su tamaño.

La hoja de cálculo con los dos botones de acción aparecerá como mostramos a continuación:

	A	B	C	D	E	F	G
1	Matrículas	APELLIDO Ordenar	NOMBRE	EQUIPO	FECHA DE INICIO	SUELDO Orden Dec.	PRIMA
2	152	TULET	Sebastien	DIRECCIÓN	16/10/2018	5.900,00 €	708,00 €
3	450	CARRASCO	Michele	MANTENIMIENTO	22/08/2015	4.755,00 €	570,60 €
4	373	PERIN	Nancy	DIRECCIÓN	09/08/2010	4.227,00 €	507,24 €
5	157	FAISANT	Sabrina	MANTENIMIENTO	05/05/2018	4.227,00 €	507,24 €

2. Macro de impresión

Las acciones

Macro de impresión completa

1. En la pestaña **Programador**, haga clic en **Grabar macro**, asigne a la macro el nombre **ImpCompleta** y confirme pulsando **Aceptar**.
2. Seleccione el rango **A1** a **E25**.
3. **Archivo - Imprimir - Configuración**, seleccione **Imprimir selección** e **Imprimir**.
4. Haga clic en **A1** y en **Detener grabación**.

Macro de impresión parcial

1. En la pestaña **Programador**, haga clic en **Grabar macro**, asigne a la macro el nombre **ImpParcial** y confirme pulsando **Aceptar**.
2. Seleccione el rango **A1** a **E8**.
3. **Archivo - Imprimir**, en **Configuración**, seleccione **Imprimir selección**, e **Imprimir**.

MACROS GRABADAS

4. Haga clic en la celda **A1** para dejar de seleccionar las celdas.
5. **Detener grabación**.

El código

```
Sub ImpCompleta()
'
' ImpCompleta Macro
   Range("A1:E25").Select
   Selection.PrintOut Copies:=1, Collate:=True
   Range("A1").Select
End Sub

Sub ImpParcial()
'
ImpParcial Macro
   Range("A1:E8").Select
   Selection.PrintOut Copies:=1, Collate:=True
   Range("A1").Select
End Sub
```

Crear los botones de inicio de las macros

1. En la pestaña **Programador** - grupo **Controles**, botón **Insertar - Controles de formulario**, haga clic en la herramienta **Botón**.
2. Trace un rectángulo en la hoja y asígnele la macro. Cambie el nombre de los botones y llámeles **Impresión Parte 1** e **Impresión Partes 1 y 2**.

La hoja de cálculo con los dos botones de acción aparecerá entonces como mostramos a continuación:

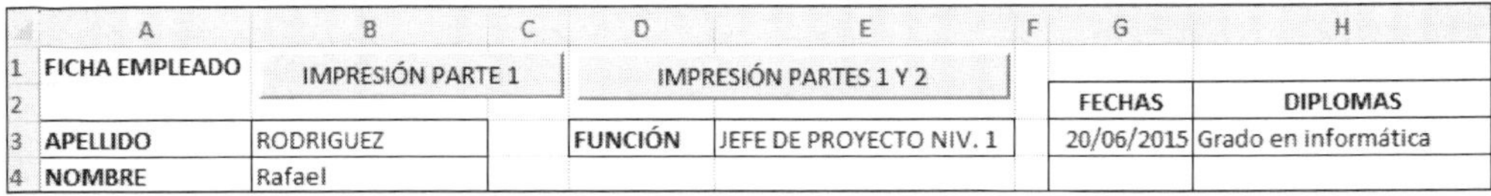

	A	B	C	D	E	F	G	H
1	FICHA EMPLEADO	IMPRESIÓN PARTE 1		IMPRESIÓN PARTES 1 Y 2				
2							FECHAS	DIPLOMAS
3	APELLIDO	RODRIGUEZ		FUNCIÓN	JEFE DE PROYECTO NIV. 1		20/06/2015	Grado en informática
4	NOMBRE	Rafael						

MACROS GRABADAS

3. Macro de filtrado de lista

Las acciones

1. Haga clic en **Grabar macro**, introduzca un nombre (**Producción**) y, si es necesario, una descripción, haga clic en **Aceptar**.
2. Coloque el cursor en una celda de la hoja, por ejemplo **A4**.
3. Pestaña **Datos** - grupo **Ordenar y filtrar**, haga clic en el botón **Filtrar**, después seleccione el servicio **PRODUCCIÓN** y haga clic en **Aceptar**.
4. **Detener grabación**.

Escriba Alt F11 para ver el código de la macro.

El código

```
Sub Produccion()
'
' Produccion Macro
'
   Range("A4").Select
   Selection.AutoFilter
   ActiveSheet.Range("$A$1:$F$55").AutoFilter Field:=3,
Criteria1:="PRODUCCION"
End Sub
```

Sustituya el número **55** por **100** para que se tengan en cuenta las nuevas contrataciones.

Reproduzca dos veces la macro cambiando los nombres y los criterios para crear otros filtros. Después, cree tres botones en la hoja.

El código definitivo

```
Sub Production()
'
    Range("A4").Select
    Selection.AutoFilter
    ActiveSheet.Range("$A$1:$F$100").AutoFilter Field:=3, Criteria1:= _
       "PRODUCTION"
End Sub
```

MACROS GRABADAS

```
Sub Mantenimiento()
'
   Range("A4").Select
   Selection.AutoFilter
   ActiveSheet.Range("$A$1:$F$100").AutoFilter Field:=3,
Criteria1:=
           "MANTENIMIENTO"
End Sub

Sub Calidad()
'
   Range("A4").Select
   Selection.AutoFilter
   ActiveSheet.Range("$A$1:$F$100").AutoFilter Field:=3,
Criteria1:=
           "CALIDAD"
End Sub
```

4. Macro de formato de los títulos

Las acciones

1. Cree una nueva hoja de cálculo y coloque el cursor en una celda de la hoja, por ejemplo **A10**.
2. En la pestaña **Programador**, haga clic en la opción **Usar referencias relativas** y no mueva el cursor.
3. Haga clic en **Grabar macro**, introduzca el nombre (**FormatoTítulos**), en la lista desplegable **Guardar macro en** seleccione **Libro de macros personal**, introduzca si es preciso una descripción y haga clic en **Aceptar**.
4. En la pestaña **Inicio**, dé formato a la celda: **Alinear en el centro**, **Centrar**, **Ajustar texto**, **Negrita**, **Bordes - Todos los bordes**.
5. **Detener grabación**.

Pulse Alt F11 para ver el código de la macro. Este se encuentra en el módulo PERSONAL.XLSB.

MACROS GRABADAS

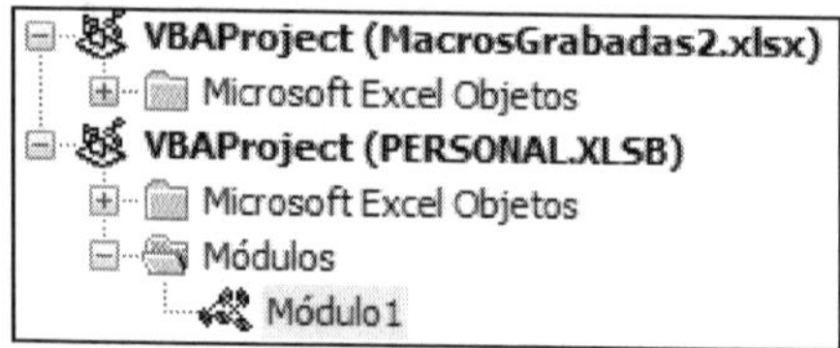

El código

```
Sub FormatoTítulos()
'
' FormatoTítulos Macro

    With Selection
        .HorizontalAlignment = xlCenter
        .VerticalAlignment = xlBottom
        .WrapText = False
        .Orientation = 0
        .AddIndent = False
        .IndentLevel = 0
        .ShrinkToFit = False
        .ReadingOrder = xlContext
        .MergeCells = False
    End With
    Selection.Font.Bold = True
    With Selection
        .HorizontalAlignment = xlCenter
        .VerticalAlignment = xlCenter
        .WrapText = False
        .Orientation = 0
        .AddIndent = False
        .IndentLevel = 0
        .ShrinkToFit = False
        .ReadingOrder = xlContext
        .MergeCells = False
    End With
    Selection.Font.Bold = True
    With Selection
        .HorizontalAlignment = xlCenter
        .VerticalAlignment = xlCenter
        .WrapText = True
        .Orientation = 0
```

```
        .AddIndent = False
        .IndentLevel = 0
        .ShrinkToFit = False
        .ReadingOrder = xlContext
        .MergeCells = False
    End With
    Selection.Font.Bold = True
    Selection.Borders(xlDiagonalDown).LineStyle = xlNone
    Selection.Borders(xlDiagonalUp).LineStyle = xlNone
    With Selection.Borders(xlEdgeLeft)
        .LineStyle = xlContinuous
        .ColorIndex = 0
        .TintAndShade = 0
        .Weight = xlThin
    End With
    With Selection.Borders(xlEdgeTop)
        .LineStyle = xlContinuous
        .ColorIndex = 0
        .TintAndShade = 0
        .Weight = xlThin
    End With
    With Selection.Borders(xlEdgeBottom)
        .LineStyle = xlContinuous
        .ColorIndex = 0
        .TintAndShade = 0
        .Weight = xlThin
    End With
    With Selection.Borders(xlEdgeRight)
        .LineStyle = xlContinuous
        .ColorIndex = 0
        .TintAndShade = 0
        .Weight = xlThin
    End With
    With Selection.Borders(xlInsideVertical)
        .LineStyle = xlContinuous
        .ColorIndex = 0
        .TintAndShade = 0
        .Weight = xlThin
    End With
    With Selection.Borders(xlInsideHorizontal)
        .LineStyle = xlContinuous
        .ColorIndex = 0
```

```
        .TintAndShade = 0
        .Weight = xlThin
    End With
End Sub
```

5. Añadir un botón a la barra de herramientas Acceso rápido

Las acciones

1. Despliegue el botón **Personalizar barra de herramientas de acceso rápido** y haga clic en **Más comandos**.
2. Seleccione la categoría **Macros**, haga clic en **PERSONNAL.XLSB!FormatoTítulos** y en **Agregar**.

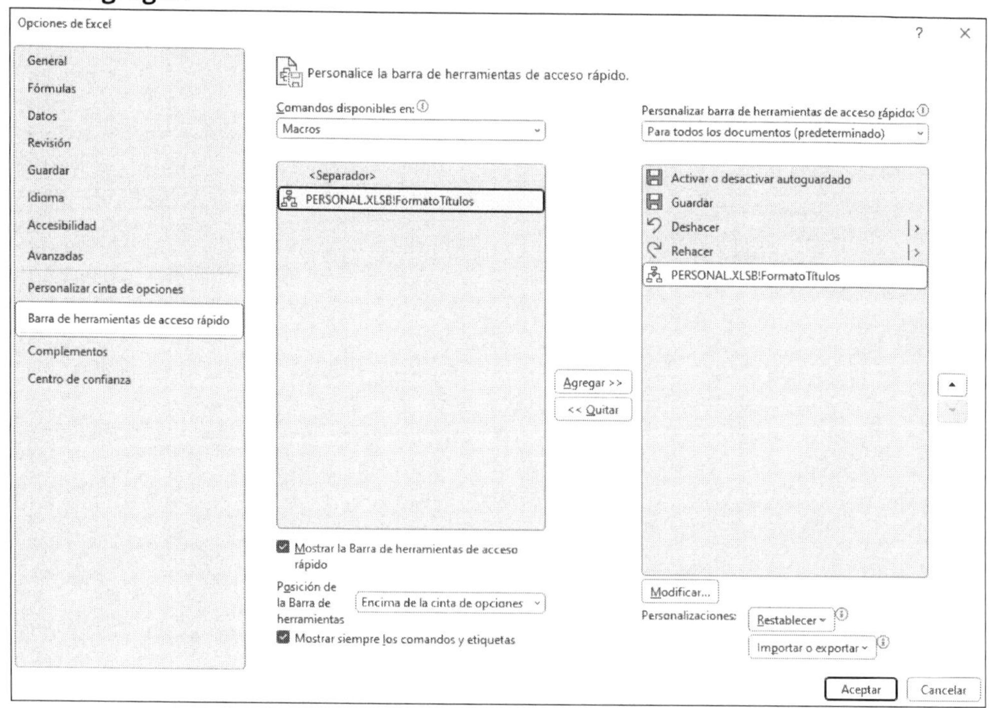

MACROS GRABADAS

3 Haga clic en **Modificar**, seleccione el icono del botón e introduzca el nombre completo:

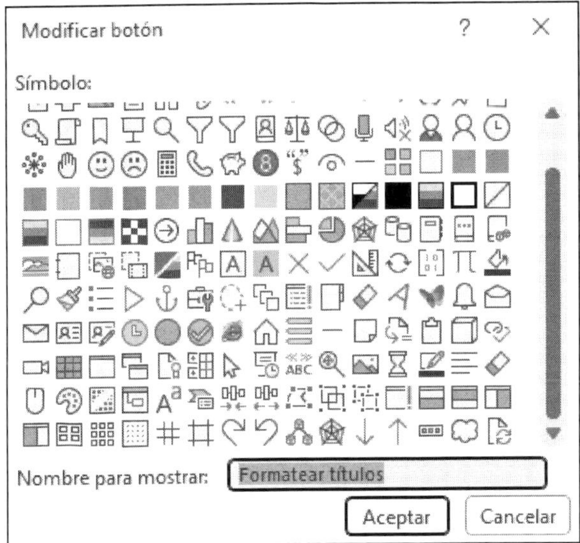

4 Confirme pulsando dos veces en **Aceptar**.

Cuando salga de Excel se le preguntará si desea guardar las modificaciones introducidas en el libro de macros personal. Haga clic en **Guardar**.

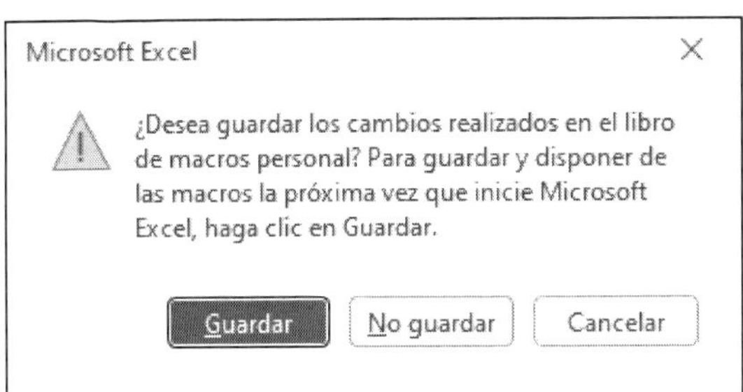

MACROS GRABADAS

SOLUCIÓN 2

FUNCIONES PERSONALIZADAS

1. Funciones personalizadas 134

FUNCIONES PERSONALIZADAS

1. Funciones personalizadas

Las acciones

Seleccione la pestaña **Programador** y haga clic en el botón **Visual Basic** o bien pulse Alt F11 y **Insertar - Módulo**.

Los códigos

EJERCICIO 1
FUNCIÓN: NETO
ARGUMENTOS: BRUTO, PorcDescuento
CÓDIGO:

```
Function NETO(BRUTO As Currency, PorcDescuento As Single) As Currency
   NETO = BRUTO * (1 - PorcDescuento)
End Function
```

EJERCICIO 2
FUNCIÓN: VelMedia
ARGUMENTOS: Distancia, Duracion
CÓDIGO:

```
Function VelMedia(Distancia As Integer, Duracion As Single) As Single
   VelMedia = Distancia / Duracion / 24
End Function
```

EJERCICIO 3
FUNCIÓN: TasaImport
ARGUMENTOS: CosteTotal
CÓDIGO:

```
Function TasaImport(CosteTotal As Currency) As Currency
   'Declaración de los valores constantes
   Const Forfait = 100
   Const Tasa = 0.03
   TasaImport = CosteTotal * Tasa + Forfait
End Function
```

FUNCIONES PERSONALIZADAS

EJERCICIO 4
FUNCIÓN: CosteTot
ARGUMENTOS: Cantidad
CÓDIGO:

```
Function CosteTot(Cantidad As Integer) As Single
Select Case Cantidad
    Case Is <= 100
    Coste = 2.3
    Case Is <= 300
    Coste = 2
    Case Is <= 500
    Coste = 1.9
    Case Is <= 800
    Coste = 1.75
    Case Is <= 1000
    Coste = 1.6
    Case Else
    Coste = 1.45
End Select
CosteTot = Cantidad * Coste
End Function
```

EJERCICIO 5
FUNCIÓN: VolEsfera
ARGUMENTOS: Radio
CÓDIGO:

```
Function VolEsfera(Radio As Single) As Single
   VolEsfera = 4 / 3 * WorksheetFunction.Pi * Radio ^ 3
End Function
```

EJERCICIO 6
FUNCIÓN: PEsfera
ARGUMENTOS: Peso, Radio
CÓDIGO:

```
Function PEsfera(Peso As Single, Radio As Single) As Single
   PEsfera = Peso * 4 * WorksheetFunction.Pi * Radio ^ 2
End Function
```

FUNCIONES PERSONALIZADAS

EJERCICIO 7
FUNCIÓN: SumaNC
ARGUMENTOS: Rango
CÓDIGO:

```
Function SumaNC(Rango As Range) As Single
   Application.Volatile
   Dim Celda As Range
   Dim TotalTemp As Single
   TotalTemp = 0
      For Each Celda In Rango.Cells
      If Celda.Font.Bold = True And Celda.Font.Italic = True
      Then TotalTemp = TotalTemp + Celda.Value
      Next Celda
   SumaNC = TotalTemp
End Function
```

EJERCICIO 7B
FUNCIÓN: NumNC
ARGUMENTOS: Rango
CÓDIGO:

```
Function NumNC(Rango As Range) As Double
   Application. Volatile
   Dim Celda As Range
   Dim TotalTemp As Double
   NumNC = 0
      For Each Celda In Rango.Cells
      If Celda.Font.Bold = True And Celda.Font.Italic = True
      Then NumNC = NumNC + 1
      Next Celda
End Function
```

FUNCIONES PERSONALIZADAS

EJERCICIO 8
FUNCIÓN: NumCont
ARGUMENTOS: Rango Cadena
CÓDIGO:

```
Function NumCont(Rango As Range, Cadena As Range) As String
   Application.Volatile
   Dim Celda As Range
   NumCel = 0
      For Each Celda In Rango.Cells
      ' Está la cadena presente en la celda examinada
         If InStr(1, UCase(Celda. Value), UCase(Cadena)) > 0 Then
         NumCel = NumCel + 1
         End If
      Next Celda
NumCont = NumCel
End Function
```

EJERCICIO 9
FUNCIÓN: NumValRang
ARGUMENTOS: Rango, min, max
CÓDIGO:

```
Function NumValRango(Rango As Range, Min As Single, Max As Single) As Integer
   NumValRango = WorksheetFunction.CountIf (Rango, ">=" & Min)
   - WorksheetFunction.CountIf(Rango, ">=" & Max)
End Function
```

EJERCICIO 10
FUNCIÓN: FechaCor
ARGUMENTOS: VFecha
CÓDIGO:

```
Function FechaCor(VFecha As String) As Variant
   If Len(VFecha) <> 0 Then
      FechaCor = CDate(Right(VFecha, 2) & "/" & Mid(VFecha, 5, 2)
      & "/" & Left(VFecha, 4))
   Else
      CorrecFecha = ""
   End If
End Function
```

FUNCIONES PERSONALIZADAS

EJERCICIO 11
FUNCIÓN: Ant
ARGUMENTOS: FechaEntrada
CÓDIGO:

```
Function Ant(FechaEntrada As Date) As Integer
   Ant = Int((Date - FechaEntrada) / 365.25)
End Function
```

EJERCICIO 12
FUNCIÓN: Numdsem
ARGUMENTOS: Inicio, Fin
CÓDIGO:

```
Function Numdsem(Inicio As Date, Fin As Date) As Integer
   For VDate = Inicio To Fin
   Numdsem = Numdsem + (Weekday(CDate(VDate)) <> 7 And
   Weekday(CDate(VDate)) <> 1) * True
   Next
End Function
```

EJERCICIO 13
FUNCIÓN: FranjaH
ARGUMENTOS: HoraInicio
CÓDIGO:

```
Function franjah(HoraInicio)As Date As String
   Franjah = Format(Int(HoraInicio * 24) / 24, "hh:mm") & "-"
   & Format(Int((HoraInicio * 24) + 1) / 24, "hh:mm")
End Function
```

SOLUCIÓN 3

ESTRUCTURAS CONDICIONALES

1. Comparación de edades 140
2. Comparación de edades versión mejorada 141
3. Evaluación. 142
4. Prueba sobre tipos de datos 143
5. Cálculo de comisión 144
6. Colores en función del tipo de datos 145
7. Sectores comerciales 145
7. Comparación de números 146
9. Fechas de evaluación 147
10.¿Fechas entre semana?. 148
11.Verificación del identificador 149
12.Existencia de un número de matrícula. 149

ESTRUCTURAS CONDICIONALES

1. Comparación de edades

Las acciones

1. Cree una macro:

   Pulse Alt F11 y después **Insertar - Módulo**.

El código

```
Sub Mensaje()
Dim VNombre1 As String, VNombre2 As String, Vedad1 As Integer, Vedad2
As Integer, Vmensaje As String
VNombre1 = Range("B3").Value
VNombre2 = Range("B6").Value
Vedad1 = Range("B4").Value
Vedad2 = Range("B7").Value

' tests sobre las edades
If Vedad1 > Vedad2 Then
Vmensaje = VNombre1 & " es de mayor edad que " & VNombre2
Else
    If Vedad1 = Vedad2 Then
    Vmensaje = VNombre1 & " y " & VNombre2 & " tienen la misma edad."
    Else
    Vmensaje = VNombre2 & " es de mayor edad que " & VNombre1
    End If
End If
vresp = MsgBox(Vmensaje, vbOKOnly, "EDADES")
End Sub
```

2. Cree un botón asociado a la macro:

   Pestaña **Programador** - grupo **Controles** - botón **Insertar - Controles de formulario** - seleccione la herramienta **Botón**.

3. Dibuje el botón y asócielo a la macro **Mensaje**.

4. Modifique el texto del botón.

ESTRUCTURAS CONDICIONALES

2. Comparación de edades versión mejorada

Las acciones

1 Pulse Alt F11 y añada el procedimiento después del anterior.

El código

```
Sub MensajeDos()
Dim VNombre1 As String, VNombre2 As String, Vedad1 As Integer, Vedad2
As Integer, Vsexo1 As String, VSexo2 As String
Dim Vacuerdo As String
' asignar valores introducidos en la hoja de variables
VNombre1 = Range("B3").Value
VNombre2 = Range("B7").Value
Vedad1 = Range("B4").Value
Vedad2 = Range("B8").Value
Vsexo1 = Range("B5").Value
VSexo2 = Range("B9").Value
' tests sobre las edades
If Vedad1 > Vedad2 Then
Vmensaje = VNombre1 & " es de mayor edad" & IIf(UCase(Vsexo1) = "F",
"e", "") & " que " & VNombre2
Else
    If Vedad1 = Vedad2 Then
    Vmensaje = VNombre1 & " y " & VNombre2 & " tienen la misma edad."
    Else
    Vmensaje = VNombre2 & " es de mayor edad" & IIf(UCase(VSexo2) = "F",
"e", "") & " que " & VNombre1
    End If
End If
vresp = MsgBox(Vmensaje, vbOKOnly, "EDADES")
End Sub
```

ESTRUCTURAS CONDICIONALES

3. Evaluación

Las acciones

1 Cree una macro.

El código

```
Sub Evaluacion()
Dim VNota As Variant, Vnombre As String
Vnombre = Range("B3").Value
VNota = Range("B4").Value
If Not IsNumeric(VNota) Then
   MsgBox "La nota introducida debe ser un número."
Exit Sub
End If

If VNota < 6 Then
   Vmensaje = "Trabajo claramente insuficiente. Se recomienda
cambiar de plan."
   ElseIf VNota < 10 Then
   Vmensaje = " Trabajo insuficiente. Debe mejorar los resultados
obligatoriamente."
   ElseIf VNota <= 14 Then
   Vmensaje = "Trabajo correcto. Continuar."
   Else
   Vmensaje = "¡Felicidades!"
End If
Vresp = MsgBox ("Para " & Vnombre & " la evaluación es: " & Chr(10)&
Vmensaje, vbOKOnly, "EVALUACIONES")
End Sub
```

2 Cree un botón y asócielo a la macro.

ESTRUCTURAS CONDICIONALES

4. Prueba sobre tipos de datos

Las acciones

1 Cree una macro.

El código

```
Sub VerifEntrada()
Dim msg1 As String, msg2 As String, msg3 As String
If IsEmpty(Range("B4").Value) Or IsEmpty(Range("B5").Value) Or
IsEmpty(Range("B6").Value) Then
   MsgBox "Introduzca los tres datos."
   Exit Sub
End If
If Not IsNumeric(Range("B4").Value) Then
   msg1 = "El contenido de la celda B4 debe ser un número."
Else
   msg1 = "El contenido de la celda B4 es correcto."
End If
If Not VarType(Range("B5").Value) = vbString Then
   msg2 = " El contenido de la celda B5 debe ser un texto."
Else
   msg2 = " El contenido de la celda B5 es correcto."
End If
If Not IsDate(Range("B6").Value) Then
   msg3 = " El contenido de la celda B6 debe ser una fecha."
Else
   msg3 = " El contenido de la celda B6 es correcto."
End If
If Len(msg1 & msg2 & msg3) > 1 Then
   Vresp = MsgBox(IIf(Len(msg1) > 1, msg1 & Chr(10), "") &
IIf(Len(msg2) > 1, msg2 & Chr(10), "") &IIf(Len(msg3) > 1, msg3,
""), vbOKOnly, "EVALUACIONES")
End If
End Sub
```

2 Cree un botón y asócielo a la macro.

ESTRUCTURAS CONDICIONALES

5. Cálculo de comisión

Las acciones

1. Cree una macro.

El código

```
Sub CalculoComision()
   Dim CA As Single, Comercial As String, Comisión As Integer
   CA = Range("B5").Value
   Comercial = Range("B4").Value
   Select Case CA
   Case Is < 30
      Prima = 0
   Case Is < 80
      Prima = 1000
   Case Is < 100
      Prima = 3000
   Case Is < 500
      Prima = 5000
   Case Is < 1000
      Prima = 7000
   Case Else
      Prima = 9000
   End Select
Vresp = MsgBox ("La comisión de " & Comercial & " es de " & comisión
& "€",
vbOKOnly, "PRIMAS")
End Sub
```

2. Cree un botón y asócielo a la macro.

ESTRUCTURAS CONDICIONALES

6. Colores en función del tipo de datos

Las acciones

1. Cree una macro.

El código

```
Sub Color()
Dim TestContenido As Byte
TestContenido = VarType(ActiveCell.Value)
With Selection.Interior
   Select Case TestContenido
    Case 2 To 5 'Número
    .ColorIndex = 6 'Amarillo
   Case Is = 6
       .ColorIndex = 48 ' Gris
   Case Is = 7 ' Fecha
       .ColorIndex = 4 ' Verde
   Case Is = 8 ' Texto
       .ColorIndex = 8  'Azul
   Case Is = 10 ' Error
      .ColorIndex = 3  'Rojo
Case Is = 11 ' Lógico
      .ColorIndex = 7  'Rosa
   End Select
End With
End Sub
```

2. Asocie la macro a un botón existente.

7. Sectores comerciales

Las acciones

1. Cree una macro.

ESTRUCTURAS CONDICIONALES

El código

```
Sub Provincias()
Dim Vsector As String
Dim VProvinc As Integer
VProvinc = InputBox("Introduzca la provincia", "Provincia")
Select Case VProvinc
Case 13, 26, 30, 34, 83, 84
Vsector = " Asturias."
Case 38, 42, 69, 73, 74
Vsector = " País Vasco."
Case 12, 31, 32, 46, 65, 81, 82
Vsector = " Catalunya."
Case 21,  25, 39, 70, 71
Vsector = " Andalucía."
Case Else
Vsector = MsgBox("La provincia " & VProvinc & " no pertenece
a un sector de la empresa.", , "ENI")
Exit Sub
End Select
VResp = MsgBox("La provincia " & VProvinc & " pertenece al sector "
& Vsector, vbOKOnly, "ENI")
End Sub
```

2 Cree un botón y asócielo a la macro.

8. Comparación de números

Las acciones

1 Cree una macro.

El código

```
Sub verificar()
Dim VNumero1 As Integer, VNumero2 As Integer, VNumero3 As Integer
VNumero1 = InputBox("Introduzca el primer número", "NÚMERO 1", 0)
VNumero2 = InputBox("Introduzca el segundo número ", " NÚMERO 2", 0)
VNumero3 = InputBox("Introduzca el tercer número ", " NÚMERO 3", 0)
If VNumero1 = VNumero2 And VNumero2 = VNumero3 Then
         MsgBox "Los tres valores son idénticos e iguales a " &
```

```
Vnumero1
    Else
        If VNumero1 = VNumero3 Then
                MsgBox "Número1 = Número3 = " & Vnumero1
         Else
               If VNumero1 = VNumero2 Then
               MsgBox "Número1 = Número2 = " & Vnumero1
               Else
                   If VNumero2 = VNumero3 Then
                   MsgBox "Número2 = Número3 = " & Vnumero2
                   Else
                   MsgBox "Los tres números son diferentes"
                   End If
               End If
       End If
End If
End Sub
```

2 Cree un botón y asócielo a la macro.

9. Fechas de evaluación

Las acciones

1 Cree una macro.

El código

```
Sub FechasEntrevista()
Dim Categoria As String, Mensaje As String, Mes As String
Mensaje = "Su entrevista tendrá lugar en: "
Categoria = UCase(InputBox("¿Cuál es su categoría?",
"Categoría", ""))
Select Case Categoria
    Case Is = "A", "D", "F", "G"
    Mes = "ABRIL"
    Case Is = "B"
    Mes = "MAYO"
    Case Is = "C"
    respMes = "FEBRERO"
```

```
    Case Is = "E"
    Mes = "DICIEMBRE"
    Case Else
    vresp = MsgBox ("Esta categoría no existe.", vbCritical,
"ENTREVISTAS ANUALES DE LOS EMPLEADOS")
    Exit Sub
End Select
vresp = MsgBox (Mensaje & Mes, vbOKOnly,"ENTREVISTAS ANUALES DE LOS
EMPLEADOS")
End Sub
```

2 Cree un botón y asócielo a la macro.

10. ¿Fechas entre semana?

Las acciones

1 Cree una macro.

El código

```
Sub FechasSemana()
If Weekday(Now()) = 1 Or Weekday(Now()) = 7 Then
Vresp = MsgBox ("Es fin de semana y estamos a " & Format(Now(),
"dddd") & ".", vbInformacion, "FIN DE SEMANA")
Else
Vresp = MsgBox ("Es un día entre semana y es " & Format(Now(), "dddd")
& "." _
& Chr(10) & "Quedan " & 6 - Weekday(Now()) & " días para el fin
de semana.", vbInformacion, "SEMANA")
End If
End Sub
```

2 Asocie la macro al botón existente.

ESTRUCTURAS CONDICIONALES

11. Verificación del identificador

Las acciones

1. Cree una macro.

El código

```
Sub VerifIdentificador()
Dim VIdentificador As String
VIdentificador = InputBox("¿Qué identificador debe comprobarse?",
"IDENTIFICADOR", "")
If UCase(VIdentificador) Like "[A-E]" & "[1-4]-" & "[S-U]" & "#####"
Then
MsgBox VIdentificador & " ES UN IDENTIFICADOR CORRECTO"
Else
MsgBox VIdentificador & " ES UN IDENTIFICADOR INCORRECTO"
End If
End Sub
```

2. Cree un botón y asócielo a la macro.

12. Existencia de un número de matrícula

Las acciones

1. Cree una macro.

El código

```
Sub TestMatricula()
On Error GoTo Error
Dim Rango1 As Range, VMatricula As Variant
Set Rango1 = Range("A2", [A2].End(xlDown))
VMatricula = InputBox("¿Qué matrícula desea verificar? ",
"CONTROL", 0)
If WorksheetFunction.CountIf(Rango1, VMatricula) = 0 Then
MsgBox "La matrícula " & VMatricula & " no existe."
Else
MsgBox "La matrícula " & VMatricula & " existe."
End If
```

ESTRUCTURAS CONDICIONALES

```
Exit Sub
Error:
MsgBox "La matrícula debe ser un número."
End Sub
```

2 Cree un botón y asócielo a la macro.

SOLUCIÓN 4

BUCLES

1. Control de entrada de fecha 152
2. Test de cálculo 152
3. Cálculo de inversión financiera 153
4. Visualización de números 153
5. Códigos de caracteres 154
6. Cálculos aleatorios 155
7. Aplicar un aumento 156
8. Transformación de texto 156
9. Introducción de nombres 157
10. Introducción de asteriscos delante de números 158
11. Formato de columnas en todas las hojas 158
12. Formato de celdas 159

BUCLES

1. Control de entrada de fecha

Las acciones

1 Cree una macro.

El código

```
Sub EntradaFecha()
Dim VFecha As Variant
Dim Antiguedad As Integer
Do While Not IsDate(VFecha)
VFecha = InputBox("Introduzca su fecha de entrada en la empresa" &
Chr(10) & "En el formato dd/mm/aaaa", "FECHA")
Loop
Antiguedad = Int((Now - CDate(VFecha)) / 365.25)
Mensaje = MsgBox("Tiene " & Antiguedad & " años de antigüedad.",
, "ANTIGUEDAD")
End Sub
```

2 Cree un botón y asócielo a la macro.

2. Test de cálculo

Las acciones

1 Cree una macro.

El código

```
Sub VerifCalculo()
Dim Respuesta As Currency
Do
Respuesta = InputBox("¿Cuánto supondría un aumento del 10%"
& Chr(10) & "sobre un importe de 4900 €?", "AUMENTO")
Loop While Respuesta <> 490
Respuesta = MsgBox("Su cálculo es correcto.", , "CÁLCULO")
End Sub
```

2 Cree un botón y asócielo a la macro.

BUCLES

3. Cálculo de inversión financiera

Las acciones

1. Cree una macro.

El código

```
Sub Inversion()
Dim Aun As String
Dim CapI As Currency, CapF As Currency
Dim Tasa As Single
Dim Duracion As Integer
Aun = "O"
CapI = InputBox("Indique el capital invertido: ", "CAPITAL")
Tasa = InputBox("Indique el tipo de interés anual:" & Chr(10)
& "(Sin el símbolo %)", "TIPO")
Do Until UCase(Aun) = "N"
Duracion = Duracion + 1
CapF = CapI * (1 + Tasa / 100) ^ Duracion
Aun = InputBox("Su capital al final de " & Duracion
& " año(s) es de " & CapF & " €"
& Chr(10) & Chr(10) & Chr(10) & "¿Desea ver otro año? (S/N)",
"INVERSIÓN")
Loop
End Sub
```

2. Cree un botón y asócielo a la macro.

4. Visualización de números

Las acciones

1. Cree una macro.

El código

```
Sub BucleVisNum()
    Dim Contador As Integer, VIncrement As Integer, VVueltas As
Integer, Fila As Integer
    VIncrement = InputBox("¿Cuál es el valor de la variación?",
"INCREMENTO")
```

BUCLES

```
    VVueltas = InputBox("¿Cuántos valores hay que escribir?",
"NÚMERO DE VALORES")
    Fila = 1
    For Contador = 0 To VIncrement * (VVueltas - 1) Step VIncrement
        Cells(Fila, 3) = "Vuelta N° " & Fila & " : " & Contador
        Fila = Fila + 1
    Next Contador
End Sub
```

2 Cree un botón y asócielo a la macro.

5. Códigos de caracteres

Las acciones

1 Cree una macro.

El código

```
Sub EscribirCodigos()
Dim NumCol As Integer, Anchura As Integer, Contador As Byte
'Memorización de la celda de inicio
Inicio = ActiveCell.Address
NumCol = InputBox("¿En cuántas columnas desea mostrar los caracteres? ",
"COLUMNAS")
Contador = 33
' Escritura de caracteres
          For Anchura = 1 To NumCol
          ActiveCell.Value = Chr(Contador)
          ActiveCell.Offset(0, 1).Range("A1").Select
          Contador = Contador + 1
          If Contador > 255 Then
          ' Selección del intervalo completo
          Range(Inicio).CurrentRegion.Select
          ' Reducción de la anchura de las columnas
          Selection.ColumnWidth = 3
          Exit Sub
          End If
              If Anchura = NumCol Then
              Anchura = 0
              ActiveCell.Offset(1, -NumCol).Range("A1").Select
```

BUCLES

```
            End If
        Next
End Sub
```

2. Cree un botón y asócielo a la macro.

6. Cálculos aleatorios

Las acciones

1. Cree una macro.

El código

```
Sub CalculoAlea()
Dim Respuesta As Single, Aun As String, Valor As Long
    On Error GoTo Error
Aun = "O"
Randomize 'Inicio del modo aleatorio
Do While UCase(Aun) = "O"
Valor = Int(1000 * Rnd) 'Cálculo de un número aleatorio comprendido
entre 0 y 999
Respuesta = InputBox("¿Cuál es el valor de 10% de " & Valor & " ?",
"CÁLCULO", 0)
Aun = InputBox(IIf(Respuesta = Valor / 10,
"RESPUESTA CORRECTA", "RESPUESTA FALSA") & Chr(10) &
"¿DESEA EFECTUAR OTRO CÁLCULO? (S/N)",
"CÁLCULO", " ")
    Loop
Exit Sub
Error:
MsgBox "Introduzca una coma para los números decimales."
End Sub
```

2. Cree un botón y asócielo a la macro.

BUCLES

7. Aplicar un aumento

Las acciones

1. Cree una macro.

El código

```
Sub Aumento()
Dim Li As Integer, VTipo As Integer
Li = 1
VTipo = InputBox("¿Qué tipo de aumento desea aplicar?"
& Chr(10) & "(Sin el signo %)", "Tipo", 0)
Do While Cells(Li + 1, 2) > 0    'Mientras la celda contenga
un valor positivo
Li = Li + 1
Cells(Li, 2) = Cells(Li, 2) * (1 + VTipo / 100)
Loop
End Sub
```

2. Cree un botón y asócielo a la macro.

8. Transformación de texto

Las acciones

1. Cree una macro.

El código

```
Sub LetrasMin()
Dim Texto As String, VlongTxt As Integer
Texto = InputBox("¿Cuál es el texto? (En MAYÚSCULAS)", "TEXTO", "")
VlongTxt = Len(Texto)  'Calcular el número de caracteres
If VlongTxt > 1 Then
    For I = 1 To VlongTxt
    Letra = Mid(Texto, I, 1)
       If Int(I / 2) <> I / 2 Then  ' Si el número es par
       NuevaLetra = Lcase(Letra)
```

```
        Else
        NuevaLetra = Letra
        End If
    NewTxt = NewTxt & NuevaLetra
    Next I
End If
MsgBox "Texto modificado: " & NewTxt
End Sub
```

2. Cree un botón y asócielo a la macro.

9. Introducción de nombres

Las acciones

1. Cree una macro.

El código

```
Sub IntroduccionNombres()
Dim Nombre As Variant, LiActive As Integer, ColActive  As Integer
    Nombre = 0
    ' Memorizar la posición del cursor
    LiActive = ActiveCell.Row
ColActive = ActiveCell.Column
'Preguntar hasta que el valor introducido esté vacío
Do Until Nombre = ""
    Nombre = InputBox("Introduzca el nombre", "ENTRADA")
        If Not IsNumeric(Nombre)= True Then
        'Introducir el valor en la celda deseada
        Cells(LiActive, ColActive) = WorksheetFunction.Proper(Nombre)
        LiActive = LiActive + 1
        End If
   Loop
End Sub
```

2. Cree un botón y asócielo a la macro.

BUCLES

10. Introducción de asteriscos delante de números

Las acciones

1. Cree una macro.

El código

```
Sub IntrAsteriscos()
' Si la celda está vacía
If IsEmpty(ActiveCell) Then
MsgBox "Seleccione una celda que no esté vacía"
Else
Set Rango = Range(ActiveCell, ActiveCell.End(xlDown))
    For Each celda In Range
    With celda.Font
            .Name = "Calibri"
            .Size = 12
    End With
    celda.Value = String(15 - Len(celda), "*") & celda.Value
    Next
End If
ActiveCell.EntireColumn.AutoFit
End Sub
```

2. Cree un botón y asócielo a la macro.

11. Formato de columnas en todas las hojas

Las acciones

1. Cree una macro.

El código

```
SubBuclesHojas()
    Dim Hoja As Worksheet
    Dim Contador As Integer, NumHojas As Integer
    NumHojas = Worksheets.Count
    'Recorrer todas las hojas del archivo
    For Var = 1 To NumHojas
```

```
    Worksheets(Var).Activate
    Range("A1").Select
    ActiveCell.Value = ActiveSheet.Name
        'Define un bucle entre 1 y 10
        For Contador = 1 To 10
        Selection.ColumnWidth = 5
        ActiveCell.Offset(0, 2).Range("A1").Select
        Next Contador
    Contador = 1
    Next
End Sub
```

2 Cree un botón y asócielo a la macro.

12. Formato de celdas

Las acciones

1 Cree una macro.

El código

```
Sub ModifColor()
Dim Rango As Range, Celda As Range
Vselección = Selection.Address
For Each Celda In Range(Vselección)
Celda.Activate
TestContenido = VarType(Celda.Value)
With Celda.Interior
    Select Case TestContenido
      Case 2 To 6 'Numero
      .ColorIndex = 44 'Amarillo
    Case Is = 7 ' Fecha
      .ColorIndex = 4 ' Verde
    Case Is = 8 ' Texto
      .ColorIndex = 8 ' Azul
    Case Is = 10 ' Error
      .ColorIndex = 3 'Rojo
    Case Is = 11 ' Lógico
```

BUCLES

```
      .ColorIndex = 7 'Rosa
    End Select
End With
Next
End Sub
```

2 Cree un botón y asócielo a la macro.

SOLUCIÓN 5

ENTRADA DE DATOS - VISTA DE RESULTADOS

ENTRADA DE DATOS - VISTA DE RESULTADOS

1. Entrada simple 162
2. Entrada controlada 163
3. Entrada por selección de celda e introducción de valores 164
4. Temperaturas mensuales 165
5. Entradas por provincia 166
6. Simulación del aumento del volumen de negocio 166
7. Interrogar a un archivo 167
8. Aumentos de tarifa 168

ENTRADA DE DATOS - VISTA DE RESULTADOS

1. Entrada simple

Principio

Después de situar el cursor en cada una de las celdas, la macro atribuye al contenido el valor introducido en el cuadro de diálogo.

El código

```
Sub IntroAuto()
On Error Resume Next
Dim TITULO As String, Mensaje1 As String, ValDef1 As Integer,
Mensaje2 As String, ValDef2 As Integer, Mensaje3 As String,
ValDef3 As Integer
'Configuración de los mensajes
TITULO = "FICHA EMPLEADO"
Mensaje1 = "INTRODUZCA EL NOMBRE DEL EMPLEADO"
ValDef1 = ""
Mensaje2 = "INTRODUZCA EL SUELDO BRUTO"
ValDef2 = 0
Mensaje3 = "INTRODUZCA EL TIPO DE PRIMA (sin el símbolo %)"
ValDef3 = 0
Mensaje4 = "INTRODUZCA EL TIPO DE COTIZACIONES SALARIALES (sin el
símbolo %)"
ValDef4 = 0
' Entrada de informaciones
Range("B3").Value = Ucase (InputBox(Mensaje1, TITULO, ValDef1))
Range("B4").Value = InputBox(Mensaje2, TITULO, ValDef2)
Range("B5").Value = InputBox(Mensaje3, TITULO, ValDef3)  / 100
Range("B7").Value = InputBox(Mensaje4, TITULO, ValDef3) / 100
End Sub
```

ENTRADA DE DATOS - VISTA DE RESULTADOS

2. Entrada controlada

El principio

Integre las informaciones deseadas en un bucle que verifique el contenido de la información introducida. El bucle debe repetirse hasta que la entrada esté vacía o sea no conforme.

El código

```
Sub IntroControlada()
'On Error Resume Next
Dim VNomEmp As Variant, VSueldoBruto As Variant, VTasaPrima As Variant,
VTasaCotiz As Variant
TITULO = "FICHA EMPLEADO"
Mensaje1 = "INTRODUZCA EL NOMBRE DEL EMPLEADO"
Mensaje2 = "INTRODUZCA SU SUELDO BRUTO"
Mensaje3 = "INTRODUZCA EL TIPO DE PRIMA(sin el signo %)"
Mensaje4 = "INTRODUZCA EL TIPO DE COTIZACIONES SALARIALES (sin el
signo %)"
   Do While VNomEmp = "" Or IsNumeric(VNomEmp)
   VNomEmp = UCase(Application.InputBox(Mensaje1, TITULO, Type:=2))
   If VSueldoBruto = False Then Exit Sub
   Loop
   Range("B3").Value = VNomEmp
   Do While Not IsNumeric(VSueldoBruto) Or VSueldoBruto = 0
   VSueldoBruto = Ucase(Application.InputBox (Mensaje2, TITULO, Type:=1))
   If VSueldoBruto = False Then Exit Sub
   Loop
   Range("B4").Value = CSng (VSueldoBruto)
   Do While Not IsNumeric(VTasaPrima) Or VTasaPrima = 0
   VTasaPrima = Application.InputBox(Mensaje3, TITULO, Type:=1) / 100
   If VTasaPrima = False Then Exit Sub
   Loop
   Range("B5").Value = CSng (VTasaPrima)
   Do While Not IsNumeric(VTasaCotiz) Or VTasaCotiz = 0
   VTasaCotiz = Application.InputBox(Mensaje4, TITULO, Type:=1)
   If VTasaCotiz = False Then Exit Sub
   Loop
   Range("B7").Value = Csng (VTasaCotiz) / 100
End Sub
```

ENTRADA DE DATOS - VISTA DE RESULTADOS

3. Entrada por selección de celda e introducción de valores

El principio

Utilice la posibilidad de InputBox de configurar el tipo de datos introducidos.

Valor	Significado
0	Una fórmula
1	Un número
2	Texto (una cadena)
4	Un valor lógico (**True** o **False**)
8	Una referencia de celda, en forma de objeto **Range**
16	Un valor de error, como #N/A
64	Una tabla de valores

El código

```
Sub IntroViajes()
Range("B3:B6").ClearContents
' Verificar que la información introducida es compatible con el tipo deseado
Dim VDest As String, VDestBusc As String, VNUMAdulto As Integer,
VNUMNiño As Integer, VNUMDias As Integer
Set VRango = Range("D3:D13")
On Error Resume Next
TestVDest:
    VDest = Application.InputBox("HAGA CLIC EN EL DESTINO:",
    "INFOS", "", Type:=8)
    If IsError(VDestBusc = WorksheetFunction.VLookup(VDest, VRango,
    1, False)) Then GoTo TestVDest
TestVNumAdulto:
    VNUMAdulto = Application.InputBox("NÚMERO DE ADULTOS:", "INFO",
"", Type:=1)
    On Error GoTo TestVumAdulto
TestVNumNiño:
    VNUMNiño = Application.InputBox("NÚMERO DE NIÑOS:", "INFO","", Type:=1)
    On Error GoTo TestVNUMNiño
TestNumDias:
    VNUMDias = Application.InputBox("NÚMERO DE DÍAS:", "INFO","", Type:=1)
    On Error GoTo TestNumDias
    Range("B3").Value = VDest
```

ENTRADA DE DATOS - VISTA DE RESULTADOS

```
Range("B4").Value = VNUMAdulto
Range("B5").Value = VNUMNiño
Range("B6").Value = VNUMDias
End Sub
```

4. Temperaturas mensuales

El principio

Utilice una variable contador (i) con una variación de 1 a 12 para formular 12 preguntas numeradas de 1 a 12.

El código

```
Sub IntroTemp()
On Error Resume Next
Dim i As Integer, Vmax As Integer
Vmax = -100
i = 1
Range("B2:C13").ClearContents
TITULO = "Temperaturas máximas mensuales"
For i = 1 To 12
Vtemp = InputBox("Introduzca la temperatura máxima del mes ",
Ucase (MonthName(i)) & " " & Year (Date) - 1, 0)
Cells(i + 1, 2) = Vtemp
Vmax = WorksheetFunction.Max(Vmax, Vtemp)
Cells(i + 1, 3) = Vmax
Next
End Sub
```

ENTRADA DE DATOS - VISTA DE RESULTADOS

5. Entradas por provincia

El principio

Memorice en una variable de tabla los nombres de las provincias.

Utilice el índice de la variable para mostrar el nombre de la provincia en las preguntas.

El código

```
Sub IntroNumComerciales()
On Error Resume Next
Dim i As Integer
Dim Provincia As Variant
Provincia = Range("A3:A14").Value
For i = LBound(Provincia, 1) To UBound(Provincia, 1)
Cells(i + 2, 2) = InputBox("Introduzca el número de comerciales de
la provincia  ", Provincia(i, 1), 0)
Next i
End Sub
```

6. Simulación del aumento del volumen de negocios

El código

```
Sub Aumento()
On Error Resume Next
Dim VNActual As Single, VNFuturo  As Single, Duracion As Integer,
TxAumento As Single
Do While VNFuturo <= CapitalPlace
VNActual = InputBox("¿Cuál es su volumen de negocios
actual? ", "SIMULACIÓN", 0)
VNFuturo = InputBox("¿Cuál es el volumen de negocios  deseado para
el futuro?", "SIMULACIÓN", 0)
Loop
Duracion = InputBox("Volumen de negocios futuro de " & VNFuturo &
" €" & Chr(10) &  "En cuántos años: ", "SIMULACIÓN", 0)
TxAumento = Round(((VNFuturo /  VNActual) ^ (1 / Duracion) - 1) * 100, 2)
Vresp = MsgBox ("Para pasar de un volumen de negocios de "&
VNActual & " € " & Chr(10) & "a un volumen de negocios
de " & VNFuturo & " € en " & Duracion & " años," & Chr(10) _
```

ENTRADA DE DATOS - VISTA DE RESULTADOS

```
& "su volumen de negocios anual deberá aumentar en un " &
TxAumento & " % al año.", vbInformacion,
"AUMENTO VOLUMEN")
End Sub
```

7. Interrogar a un archivo

El código

```
Sub BuscCiudades()
Dim Ciudad As Variant, NumHab As Byte, Resp As String, CodComision As Byte
' Control de los datos introducidos:
' Bucle a repetir hasta que no se produzca ninguna entrada
' o hasta que la ciudad introducida no exista
Do While Ciudad = "" Or
WorksheetFunction.CountIf(Range("Ciudades!A2:A100"), Ciudad) = 0
Ciudad = Application.InputBox("¿PARA QUÉ CIUDAD DESEA BUSCAR LA
INFORMACIÓN?", "SECTORES ENI", Type:=2)
If Ciudad = False Then Exit Sub
Loop
'Búsqueda del número de empleados y del responsable
NumEmp = WorksheetFunction.VLookup(Ciudad, Range("Ciudades!A2:D100"), 2, False)
Resp = WorksheetFunction.VLookup(Ciudad, Range("Ciudades!A2:D100"), 3, False)
CodComision = WorksheetFunction.VLookup(Ciudad, Range("Ciudades!A2:D100"), 4, False)
Select Case CodComision
   Case Is = 1
   TxComision = 5
   Case Is = 2
   TxComision = 7
   Case Is = 3
   TxComision = 8
   Case Is = 4
   TxComision = 10
   Case Is = 5
   TxComision = 12
End Select
' Vista de la información solicitada
Respuesta = MsgBox(UCase(Ciudad) & " tiene " & NumEmp & " empleados y su
responsable del sector es " & _
Resp & "." & Chr(10) & "El porcentaje de comisión acordado en esa ciudad es
del: " & TxComision & "%",vbOKOnly, "SECTORES ENI")
End Sub
```

ENTRADA DE DATOS - VISTA DE RESULTADOS

8. Aumento de tarifa

El principio

Compruebe que se ha efectuado la entrada y que la ciudad introducida está en la lista.

Busque los datos en la hoja de cálculo.

Muestre los resultados.

El código

```
Sub AumPrecio()
Dim TabPrecio As Variant, IndiceTab As Long, PorcAum As Byte
PorcAum = InputBox("¿Qué porcentaje de aumento aplicar?
(sin el signo %)", "AUMENTO", 0)
TabPrecio = Range("B2", [B2].End(xlDown)).Value
For IndiceTab = LBound(TabPrecio, 1) To UBound(TabPrecio, 1)
TabPrecio(IndiceTab, 1) = TabPrecio(IndiceTab, 1) * (1 + PorcAum / 100)
Next IndiceTab
Range("B2", [B2].End(xlDown)).Value = TabPrecio
End Sub
```

SOLUCIÓN 6

EJERCICIOS CON RANGOS

1. Seleccione un rango con el ratón 170
2. Seleccione el rango actual 170
3. Seleccione un rango hacia abajo. 171
4. Seleccione un rango vertical 171
5. Color en las listas desplegables. 172
6. Aplicar color a las celdas 172
7. Valor mínimo de un rango 173
8. Fondo en color para el texto 173
9. Aumento según el color 174
10. Lista de datos no presentes en un rango 175
11. Datos correspondiente al valor máxilo de un rango 176
12. Cambio automático de función de cálculo 176
13. Muestra aleatoria 177
14. Cálculo de variable de tipo matriz. 178
15. Concatenación de datos. 179
16. Proteger las fórmulas 179

EJERCICIOS CON RANGOS

1. Seleccione un rango con el ratón

El código

```
Sub SelectRango()
Dim Rango As Range, Numfil As Integer, NumCol As Integer
Set Rango = Application.InputBox("Seleccione un rango
con ayuda del ratón.", "RANGO", Type:=8)
Numfil = Rango.Rows.Count
NumCol = Rango.Columns.Count
MsgBox "El rango es: " & Rango.Address & Chr(10) & "Ha seleccionado "
& Numfil & " fila" & IIf(Numfil > 1, "s.", ".") &
Chr(10)
& "y " & NumCol & " columna" & IIf(NumCol > 1, "s.", ".")
End Sub
```

2. Seleccione el rango actual

El código

```
Sub SelectionRangoActual()
Dim Valor As Variant
Valor = ActiveCell.Value
ActiveCell.CurrentRegion.Select
FormatNegrita = InputBox("Ha hecho clic en " & IIf(Valor = "",
"un valor vacío", "el valor " & Valor) & " del rango "
& Selection.Address & Chr(10) & "¿Quiere que todo el rango esté en
cursiva? (S/N)", "RANGO", "")
If UCase(FormatNegrita) = "O" Then Selection.Font.Italic = True
End Sub
```

EJERCICIOS CON RANGOS

3. Seleccione un rango hacia abajo

El código

```
Sub SelectRangoHaciaAbajo()
Dim Rango As Range, Numfil As Long, NumCol As Integer
If IsEmpty(ActiveCell) Then
MsgBox "Haga clic en una celda con contenido"
Exit Sub
Else
   If IsEmpty(ActiveCell.Offset(1, 0)) Then
   MsgBox "Ha seleccionado la última celda con contenido del rango"
   Exit Sub
   End If
End If
Set Rango = Range(ActiveCell, ActiveCell.End(xlDown))
Rango.Select
Numfil = Rango.Rows.Count
NumCol = Rango.Columns.Count
MsgBox "El rango es : " & Rango.Address & Chr(10) & "Contiene "
& Numfil & " fila" & IIf(Numfil > 1, "s.", ".")
End Sub
```

4. Seleccionar un rango vertical

El código

```
Sub SelectVerticalCeldasNoVacias()
If IsEmpty(ActiveCell) Then Exit Sub
'Si el cursor se encuentra en la primera fila
If ActiveCell.Row = 1 Then
Set CeldaSup = ActiveCell
Else
'Si la celda inmediatamente superior está vacía
If IsEmpty(ActiveCell.Offset(-1, 0)) Then
      Set CeldaSup = ActiveCell
      Else
      Set CeldaSup = ActiveCell.End(xlUp)
End If
End If
```

EJERCICIOS CON RANGOS

```
'Si la celda inmediatamente inferior está vacía
If IsEmpty(ActiveCell.Offset(1, 0)) Then
    Set CeldaInf = ActiveCell
    Else
    Set CeldaInf = ActiveCell.End(xlDown)
End If
Range(CeldaSup, CeldaInf).Select
End Sub
```

5. Color en las listas desplegables

El código

```
Sub ColorListas()
On Error GoTo Error
ActiveCell.CurrentRegion.SpecialCells(xlCellTypeAllValidation)
.Interior.ColorIndex = 6
Exit Sub
Error:
VError = MsgBox("Este rango no contiene el tipo de celda indicado.")
End Sub
```

6. Aplicar color a las celdas

El código

```
Sub ColorTipoCelda()
On Error GoTo Error
Dim VTipo As Integer, VError As String
VXlCelType = Array(xlCellTypeBlanks, xlCellTypeConstants,
xlCellTypeFormulas)
VTipo = InputBox("¿A qué tipo de celdas se les debe aplicar color?"
& Chr(10) & "1: Vacías " & Chr(10) &
"2: Valores constantes" & Chr(10) & "3: Fórmulas",
"COLOR CELDAS")
ActiveCell.CurrentRegion.Interior.ColorIndex = 0
ActiveCell.CurrentRegion.SpecialCells(VXlCellType(VType - 1)).Select
Selection.Interior.ColorIndex = 4 'Verde
Exit Sub
```

```
Error:
VError = MsgBox("Este rango no contiene el tipo de celdas
indicado.")
End Sub
```

7. Valor mínimo de un rango

El código

```
Sub MinRango()
On Error GoTo Error
Dim RangoMin As Range, VMin As Double, RangoResult As Range

While RangoMin Is Nothing
    Set RangoMin = Application.InputBox("Seleccione el rango de
celdas para las que desea calcular el mínimo:",
Type:=8)
    Wend
    VMin = WorksheetFunction.Min(RangoMin.Cells)

    While RangoResult Is Nothing
    Set RangoResult = Application.InputBox("Seleccione la celda en
la que desea visualizar el mínimo:", Type:=8)
    Wend
    RangoResult.Value = VMin
Error:
Exit Sub
End Sub
```

8. Fondo en color para el texto

El código

```
Sub AplicarColor()
Dim Texto As String, Rango As Range, Celda As Range, NumCeldas
As Integer
Texto = InputBox("¿Qué texto desea buscar?")
Set Rango = Range("A3", [A3].End(xlDown))
NumCeldas = Rango.Count
```

EJERCICIOS CON RANGOS

```
Range("A3").Select
For i = 1 To NumCeldas
If ActiveCell.Value Like "*" & Texto & "*" Then
    With Selection.Interior
    .ColorIndex = 4 'verde
    End With
Else
    With Selection.Interior
    .ColorIndex = 2 'blanco
    End With
End If
ActiveCell.Offset(1, 0).Range("A1").Select
Next
End Sub
```

9. Aumento según el color

El código

```
Sub AumSegunColor()
Dim Rango As Range, Celda As Range, VPorcRojo As Single, VPorcVerde
As Single, VPorcAzul As Single
VPorcRojo = Range("F3").Value
VPorcVerde = Range("F4").Value
VPorcAzul = Range("F5").Value

Set Rango = Range("A2", [A2].End(xlDown))
For Each Celda In Rango.Cells
Celda.Activate
   With Selection.Interior
    If .ColorIndex = 3 Then ActiveCell.Offset(0, 2).Value =
ActiveCell.Offset(0, 2).Value * (1 + VPorcRojo)
    If .ColorIndex = 4 Then ActiveCell.Offset(0, 2).Value =
ActiveCell.Offset(0, 2).Value * (1 + VPorcVerde)
    If .ColorIndex = 28 Then ActiveCell.Offset(0, 2).Value =
ActiveCell.Offset(0, 2).Value * (1 + VPorcAzul)
   End With
Next
End Sub
```

EJERCICIOS CON RANGOS

10. Lista de datos no presentes en un rango

El principio

Compruebe para cada una de las celdas del primer rango, si existe una celda idéntica en el segundo rango. Si no hay ninguna coincidencia, sitúe el valor de la celda en la lista de artículos invendidos en la primera celda vacía.

El código

```
Sub ListarInvendidos()
Dim ListaArticulos As Range, ListaVendidos As Range, ListaInvendidos
As Range, VNombre As String
Dim Contador As Integer, numvAL As Integer
' Borrar la lista anterior de ausentes
Set ListaInvendidos = Range("E4", [E4].End(xlDown))
ListaInvendidos.ClearContents
Set ListaArticulos = Range("A4", [A4].End(xlDown))
Set ListaVendidos = Range("C4", [C4].End(xlDown))
'cálculo del número de celdas
Numceldas = ListaArticulos.Count
Range("A4").Select
For Contador = 1 To NumCeldas
VNombre = Selection.Value
    If WorksheetFunction.CountIf(ListaVendidos, VNombre) = 0 Then
    numvAL = numvAL + 1
    Range("E" & numvAL + 3).Value = VNombre
    End If
ActiveCell.Offset(1, 0).Range("A1").Select
Next
Range("A1").Select
End Sub
```

EJERCICIOS CON RANGOS

11. Dato correspondiente al valor máximo de un rango

El código

```
Sub NomConValMAx()
Dim Vrango As Range
Set Vrango = Range("B2", Range("B2").End(xlDown))
Vline = Vrango.Find(Application.Max(Vrango), LookIn:=xlValues,
LookAt:=xlWhole).Row
resultado = MsgBox("Persona con el mejor resultado: " &
Cells(Vline, 1).Value, vbInformacion, "COMPETICIÓN")
End Sub
```

12. Cambio automático de función de cálculo

El código

```
Sub ReplaceFonction()
Dim NuevaFuncion As String
Dim AntiguaFormula As String
Dim PosicionParentesis As Integer
Dim FuncionActual As String
NuevaFuncion = WorksheetFunction.Index(Range("$H$2:$H$5"),
Range("$H$1"), 1)
'Recuperación de la fórmula
AntiguaFormula = Range("B17").FormulaR1C1
'Cálculo de la posición del primer paréntesis
PosicionParentesis = InStr(1, AntiguaFormula, "(")
' ¿Cuál es la fórmula actualmente utilizada en el archivo?
FuncionActual = Mid(AnntiguaFormula, 2, PosicionParentesis - 2)
' Conversión de las dos funciones suma y promedio
If NuevaFuncion = "SUMA" Then NuevaFuncion = "SUM"
If NuevaFuncion = "PROMEDIO" Then NuevaFuncion = "AVERAGE"
' Actualización de las fórmulas
Range("$B$17:$F$17").Select
Selection.Replace What:=FuncionActual,
Replacement:=NuevaFuncion, LookAt:=xlPart,
SearchOrder:=xlByRows, MatchCase:=False, SearchFormat:=False,
RemplaceFormat:=False
End Sub
```

A continuación, asigne la macro a la zona de la lista desplegable (haga clic con el botón derecho en la zona de la lista Asignar macro).

13. Muestra aleatoria

El principio

Calcule un número aleatorio entre 1 y el número de personas y, a continuación, compruebe si esta persona ya ha sido incluida. Si no es el caso, el procedimiento debe incluirla y pasar a la siguiente.

El código

```
Sub Muestra()
Dim x As Integer, y As Integer, sorteo As String
'Borrar las personas seleccionadas anteriormente
Range("D3:D500").Select
Selection.ClearContents
'Cuántas personas están en la lista
NumPersTotal = Range("A1").End(xlDown).Row
' ¿Cuántas personas necesita para la muestra?
NumPersMuestra = InputBox("¿Cuántas personas hay que seleccionar?",
"SORTEO ALEATORIO")
    For i = 1 To NumPersMuestra
    'Cálculo de un valor aleatorio
    PosicionFila = Int((NumPersTotal * Rnd) + 1)
    ' Posicionarse en la celda correspondiente al sorteo aleatorio
    Range("A" & PosicionFila).Select
        If ActiveCell.Value <> "" Then ' Si la persona no ha sido
aún seleccionada
        Selection.Cut
        'Posición en la 1a celda vacía, columna D
        Range("D1").End(xlDown).Offset(1).Select
        'Pegar
        ActiveSheet.Paste
        Application.CutCopyMode = False
        Else
        i = i - 1
        End If
    Next i
```

```
Columns("M:M").Select
Selection.Copy
Range("A1").Select
ActiveSheet.Paste
Application.CutCopyMode = False
Range("A1").Select
End Sub
```

14. Cálculo de variable de tipo matriz

El principio

Guarde todos los datos en una tabla de 2 dimensiones.

Muestre el valor correspondiente a los 2 índices de la tabla.

El código

```
Sub TabDosDimSimple()
Dim li As Integer, Col As Integer
Dim Vtab(28, 9)
For Col = 1 To 10
For li = 1 To 29
Vtab(i, v) = Cells(li, Col)
i = i + 1
Next li
v = v + 1
i = 0
Next Col
Vli = InputBox("¿El valor de qué fila?", "Tabla", 0)
VCol = InputBox("¿El valor de qué columna?", "Tabla", 0)
MsgBox "El valor es: " & Vtab(Vli - 1, VCol - 1)
End Sub
```

EJERCICIOS CON RANGOS

15. Concatenación de datos

El código

```
Sub ConcatenarRangoExcel()
' Declare la tabla
   Dim VNombre() As String, n As Integer, i As Integer
' Cuente las filas del rango
   n = ange("A1", Range("A1").End(xlDown)).Rows.Count
' Redimensione la tabla en función del número de filas del rango.
   ReDim VNombre(n - 1)
   For i = 0 To n - 1
    VNombre(i) = Cells(i + 1, 1)
   Next i
' concatene y muestre los valores de la tabla
   MsgBox Join(VNombre(), "-")
End Sub
```

16. Proteger las fórmulas

El código

```
Sub ProtegerFormulas()
With ActiveSheet
.Unprotect
.Cells.Locked = False
.Cells.SpecialCells(xlCellTypeFormulas).Interior.ColorIndex = 6
.Cells.SpecialCells(xlCellTypeFormulas).Locked = True
.EnableSelection = xlUnlockedCells
.Protect Password:="ENIPROTEC"
End With
End Sub
```

EJERCICIOS CON RANGOS

SOLUCIÓN 7

EJERCICIOS EN HOJAS Y LIBROS

1. Crear hojas 182
2. Crear hojas - 2 182
3. Eliminar hojas 183
4. Recuperar valores 183
5. Color de pestaña 184
6. Color de pestaña por sectores 185
7. Color de pestañna por código contable 185
8. Impedir que se inserten o eliminen columnas 186
9. Crear une hoja para cada día del mes 187
10. Conolidar las datos de varios libros 188
11. Crear un sumario 189

EJERCICIOS EN HOJAS Y LIBROS

1. Crear hojas

El código

```
Sub CrearHojas()
Dim Numhojas As Integer, RaizNombre As String
Numhojas = InputBox("¿Cuántas hojas desea crear?",
"CREAR HOJAS")
RaizNombre = InputBox("¿Cuáles son los primeros caracteres que se usarán
para nombrar las hojas?", "CrearHojas")
' Crear hojas
For i = 1 To Numhojas
    Sheets.Add After:=Sheets(Sheets.Count)
    ActiveSheet.Name = RaízNombre & "-" & i
Next
End Sub
```

2. Crear hojas (2)

El código

```
Sub CrearCambiarnombreHojas()
Dim Númhojas As Integer, NúmHojasTotal As Integer, Var As
Integer
Numhojas = Worksheets.Count
NumHojasTotal = InputBox("El libro contiene " & Numhojas
& " hoja(s)." & Chr(10) & "¿Cuántas hojas desea en total?", "Hojas")
For i = 1 To NumHojas
Worksheets(i).Activate
    ActiveSheet.Name = "SEM" & IIf(i < 10, "0" & i, i)
Next
    If NumHojasTotal > NumHojas Then
        For Var = i To NumHojasTotal
        Sheets.Add After:=Sheets(Sheets.Count)
ActiveSheet.Name = "SEM"& IIf(Var < 10, "0" & Var, Var)
        Next Var
    End If
End Sub
```

EJERCICIOS EN HOJAS Y LIBROS

3. Eliminar hojas

El código

```
Sub ElimHojas()
Dim NumHojas As Integer
'Eliminar los mensajes de alerta
Application.DisplayAlerts = False
' Eliminar las hojas empezando por la última
Dim NumHojas As Integer
NumHojas = Worksheets.Count
For i = NúmHojas To 1 Step -1
Worksheets(i).Activate
Range("B1").Select
    With Selection.Interior
        If .ColorIndex = 3 Then
    Worksheets(i).Delete
    End If
  End With
Next i
' Reactivar los mensajes de alerta
Application.DisplayAlerts = True
End Sub
```

4. Recuperar valores

El código

```
Sub NuevosCli()
Dim Númhojas As Integer
Númhojas = Worksheets.Count
Worksheets(1).Activate
    ' Determinar el número de celdas añadidas anteriormente
    If Range("A2").Value = "" Then
    numFilas = 1
    Else
    Set Rango = Range("A1", [A1].End(xlDown))
    numFilas = Plage.Count
    End If
```

```
For i = 2 To NumHojas
    Worksheets(i).Activate
    If UCase (Range("B2").Value) = "SÍ" Then
        Desplazamiento = Desplazamiento + 1
        NomCliente = Range("B1").Value
        Range("B2").ClearContents
        Range("D1").Value = Date
        Range("A" & (numFilas + Desplazamiento)).Select
        ActiveCell.Value = NomCliente
    End If
Next
End Sub
```

5. Color de pestaña

El código

```
Sub ColorPestañaRojo()
Dim VHoja As Excel.Worksheet
'Bucle en todas las hojas del libro activo:
For Each VHoja In Worksheets
    If VHoja.Range("D22").Value < 20000 Then
    VHoja.Tab.ColorIndex = 3 ' Rojo
    Else
    VHoja.Tab.ColorIndex = 20 ' Gris
    End If
Next
End Sub
```

EJERCICIOS EN HOJAS Y LIBROS

6. Color de pestaña por sectores

El código

```
Sub PestañaSector()
Dim VResponsable As String
For Each Vhoja In Worksheets
    VResponsable = Vhoja.Range("C1").Value
    Select Case VResponsable
        Case "CERUTTI": Vhoja.Tab.ColorIndex = 4
        Case "COUPET": Vhoja.Tab.ColorIndex = 6
        Case "RICHARD": Vhoja.Tab.ColorIndex = 7
        Case "MAUDUIT": Vhoja.Tab.ColorIndex = 8
        Case "DUREGNE": Vhoja.Tab.ColorIndex = 17
        Case Else: Vhoja.Tab.ColorIndex = xlColorIndexNone
        End Select
Next
End Sub
```

7. Color de pestaña por código contable

El código

```
Sub ColoresPestaña()
Dim i As Integer

For i = 1 To Worksheets.Count
    Worksheets(i).Activate
    VNomHoja = Left(ActiveSheet.Name, 2)
    Select Case VNomHoja
        Case Is = "42"
        Sheets(i).Tab.ColorIndex = 3
        Case Is = "43"
        Sheets(i).Tab.ColorIndex = 7
        Case Is = "44"
        Sheets(i).Tab.ColorIndex = 4

    End Select
Next i
End Sub
```

EJERCICIOS EN HOJAS Y LIBROS

8. Impedir que se inserten o eliminen columnas

Haga doble clic en **ThisWorkbook** para acceder al código del libro:

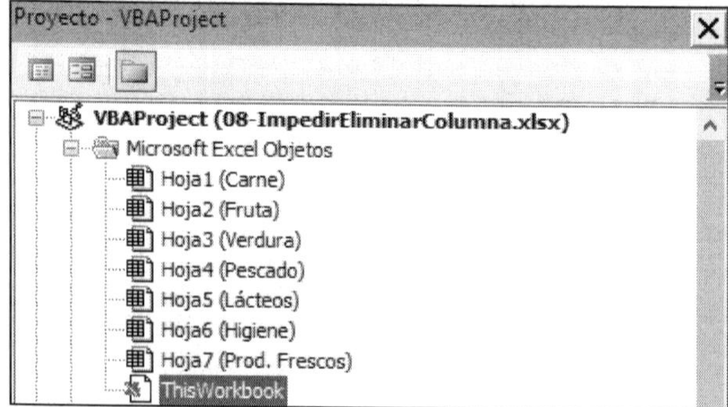

Con ayuda de la lista desplegable para crear procedimientos, seleccione **Workbook** y **SheetChange**.

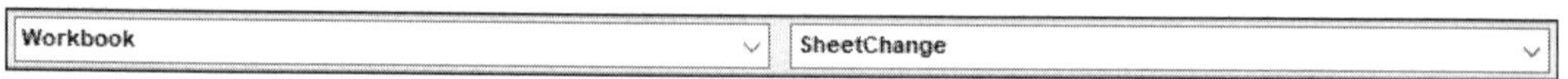

El código

```
Private Sub Workbook_SheetChange(ByVal Sh As Object, ByVal Target
As Range)
If Target.EntireColumn.Address = Target.Address Then
    Mensaje = MsgBox("MsgBox("Está prohibido insertar o eliminar
columnas.", vbInformation + vbOKOnly, "Tabla")
    With Application
    .EnableEvents = False
    .Undo
    .EnableEvents = True
    End With
Else
    Exit Sub
End If
End Sub
```

EJERCICIOS EN HOJAS Y LIBROS

9. Crear una hoja para cada día del mes

El principio

Introduzca el mes y el año.

Calcule el número de días del mes.

Con ayuda de un bucle que empiece el último día, inserte las hojas y cámbieles el nombre.

Indique el mes y el año en A1.

Modifique el color de las pestañas.

El código

```
Sub HojasDias()
Dim Mes As Byte, Año As Integer, Mes As Byte, UltimoDiaMes As Byte,
NumDia As Byte, FechaDia As Date, NombreHoja As String
Mes = InputBox("Introduzca el número del mes:","Añadir hojas")
Año = InputBox("Introduzca el año:","Añadir hojas")
If Mes = 0 Or Año = 0 Or Mes > 12 Then Exit Sub
'Calcular la fecha del último día de mes
UltimoDiaMes = DateSerial(Año, Mes + 1, 1) - 1
Numdia = Day(UltimoDiaMes)
Sheets(1).Activate
' Insertar hojas
For dia = Numdia To 1 Step -1
    FechaDia = DateSerial(Año, Mes, dia)
    NombreHoja = Format(FechaDia, "ddd dd")
    ActiveWorkbook.Sheets.Add 'por defecto, inserte antes la hoja
activa
    ' Cambiar el nombre de la hoja
    ActiveSheet.Name = NombreHoja
    If Weekday(FechaDía) = 1 Or Weekday(FechaDia) = 7 Then
    ActiveSheet.Tab.ColorIndex = 4 ' Verde claro
    End If
    ' Colocar el mes y el año en la celda A1 de cada hoja
    Range("A1").Value = UCase(Format(DateSerial(Año, Mes, 1),
"MMMM YYYY"))
Next
End Sub
```

EJERCICIOS EN HOJAS Y LIBROS

10. Consolidar los datos de varios libros

El código

```
Sub ConsolidarLibros()
Dim Hoja As Excel.Worksheet
Dim Libro As Object, Repertorio As Object, Chemin As String,
NomLibro As String
'Recuperar el camino
Camino = ThisWorkbook.Path
Set Repertorio = CreateObject("Scripting.FileSystemObject")
.GetFolder(Camino)
Range("A2:D100").ClearContents
'Para cada libro del repertorio
For Each Libro In Repertorio.Files
  NomLibro = Libro.Name
    If Left(Libro.Name, 4) = "Estad" Then
    Workbooks.Open Filename:=Libro
    Sheets("Estad").Range("A1:B1").Copy
    Workbooks("ConsoliEstad.xlsm").Activate
        If Range("A2").Value = "" Then
        Range("A2").Select
        Else
        Range("A1").End(xlDown).Offset(1, 0).Select
        End If
        Selection.PasteSpecial Paste:=xlPasteValues
    Workbooks(NomLibro).Close
    End If
Range("A1").Select
Next
End Sub
```

EJERCICIOS EN HOJAS Y LIBROS

11. Crear un sumario

Los códigos

```
Sub CreaSumario()
Dim Hoja As Excel.Worksheet
Sheets("Sumario").Select
Range("A2").Select
' Para recorrer todas las hojas del libro
For Each Hoja In Worksheets
If Hoja.Name <> "Sumario" Then
    ' El nombre de la hoja aparece en la celda seleccionada
    ActiveCell.Value = Hoja.Name
    ' Creación de un enlace
    ActiveSheet.Hyperlinks.Add Anchor:=Selection, Address:="",
SubAddress:= "'" & Hoja.Name & "'!A1",
TextToDisplay:=Hoja.Name
    ' Seleccione la celda justo debajo para la próxima vez
    ActiveCell.Offset(1, 0).Select
End If
' Repita el proceso para la hoja siguiente
Next Hoja
Columns("A").EntireColumn.AutoFit
Range("A1").Select
End Sub



Sub Hoja1()
Sheets(1).Select
End Sub
```

EJERCICIOS EN HOJAS Y LIBROS

Vincule el acceso directo a la macro Hoja1:

pestaña **Programador** - grupo **Código - Macros**;

seleccione la macro **Hoja1** y haga clic en **Opciones**.

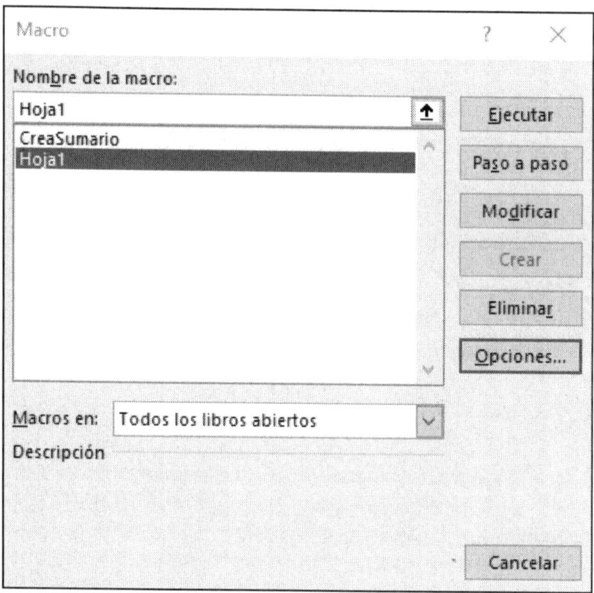

Introduzca el atajo de teclado Ctrl ⇧ **A**, **Aceptar** y **Cancelar**.

SOLUCIÓN 8

PROCEDIMIENTOS DE EVENTOS

1. Creación de imágenes 192
2. Variación del porcentaje mediante clics sucesivos. 193
3. Código de acceso a una celda 193
4. Historial de los presupuestos 194
5. Cambiar el tipo de gráfico al hacer clic 195
6. Colorear la fila con el cursor 197
7. Crear una copia de seguridad del libro 198
8. Creación automática de un archivo PDF 198
9. Entrada de valores sin duplicados 199
10. Aplicar formato automático de texto 200

PROCEDIMIENTOS DE EVENTOS

1. Creación de imágenes

El principio

Asocie a la hoja un procedimiento de doble clic.

Las acciones

1. Teclee Alt F11 para abrir la ventana de Visual Basic Editor.
2. Haga clic con el botón derecho en la pestaña **Hoja1 (TARIFA)** del panel izquierdo y seleccione **Ver código**.
3. En la ventana de código, en la primera lista desplegable, seleccione **Worksheet** en lugar de **General** y en la segunda, seleccione el procedimiento **BeforeDouble-Click**.
4. Escriba el código en el procedimiento **Worksheet_BeforeDoubleClick**.

El código

```
Private Sub Worksheet_BeforeDoubleClick(ByVal Target As Range,
Cancel As Boolean)
' Comprobar la posición del doble clic
 If ActiveCell.Address = "$C$15" Or ActiveCell.Address = "$C$31"
Then
    If ActiveCell.Address = "$C$15" Then
        Rango = ("A2:G15")
        NomImagen = "Tarifa 2023"
    Else
        Rango = ("A19:G31")
        NomImagen = "Tarifa 2024"
    End If
    'Copiar como imagen el rango correspondiente en el portapapeles
    Worksheets("TARIFA").Range(Rango).CopyPicture
    'Pegar la imagen en la hoja TARIFA
    Worksheets("TARIFA").Paste
    ' Nombrar la imagen
    Selection.Name = NomImagen
End If
End Sub
```

PROCEDIMIENTOS DE EVENTOS

2. Variación del porcentaje mediante clics sucesivos

El principio

Cree un procedimiento que se ejecutará cuando el usuario haga clic en **B2** o en **C2**.

Las acciones

1. Pulse Alt F11 para abrir la ventana de Visual Basic Editor.
2. Haga clic con el botón derecho en la pestaña **Hoja1** (**Hoja1**) y seleccione **Ver código**.
3. En la ventana de código, en la primera lista desplegable, seleccione **Worksheet** en lugar de **General** y en la segunda seleccione el procedimiento **SelectionChange**.
4. Escriba el código en el procedimiento **Worksheet_SelectionChange**.

El código

```
Private Sub Worksheet_SelectionChange(ByVal Target As Range)
If ActiveCell.Address = "$C$2" Then
    Range("$C$5").Value = Range("$C$5").Value + Range("C3").Value
    Range("A1").Select
Else
    If ActiveCell.Address = "$B$2" Then
        Range("$C$5").Value = Range("$C$5").Value - Range("B3")
.Value
        Range("A1").Select
    End If
End If
End Sub
```

3. Código de acceso a una celda

Las acciones

1. Pulse Alt F11 para abrir la ventana de Visual Basic Editor.
2. Haga clic con el botón derecho en la pestaña **Hoja1** (**Hoja1**) y seleccione **Ver Código**.
3. En la ventana de código, en la primera lista desplegable, seleccione **Worksheet** en lugar de **General** y en la segunda seleccione **SelectionChange**.

PROCEDIMIENTOS DE EVENTOS

4. Escriba el código en el procedimiento **Worksheet_ SelectionChange**.

El código

```
Private Sub Worksheet_SelectionChange(ByVal Target As Range)
' Comprobación de la celda seleccionada
If ActiveCell.Address = "$C$3" Then
 Contraseña = InputBox("ESTA CELDA TIENE RESTRICCIONES"
 & Chr(10) & Chr(10) & "INTRODUZCA EL CÓDIGO DE ACCESO PARA
LA MODIFICACIÓN", "ATENCIÓN")
 If Contraseña <> "CENI" Then Range("A1").Select
End If
End Sub
```

4. Historial de los presupuestos

El principio

Cree un procedimiento que memorice los datos introducidos en la hoja **LISTA**, cuando un usuario valide el último dato (**C8**).

Las acciones

1. Pulse Alt F11 para abrir la ventana de Visual Basic Editor.
2. Haga clic con el botón derecho en la pestaña **Hoja1** (**ENTRADA**) y seleccione **Ver código**.
3. En la ventana de código, en la primera lista desplegable, seleccione **Worksheet** en lugar de **General** y en la segunda, compruebe que está seleccionado el procedimiento **Change**.
4. Escriba el código en el procedimiento **Worksheet_Change**.

El código

```
Private Sub Worksheet_Change(ByVal Target As Range)
Dim VFECHA As Date, VCLIENTE As String, VASESOR As String,
VPRESTA As String, VImporte As Currency
Application.ScreenUpdating = False
'Comprobación de la posición
If Target.Address = "$C$8" Then
VFECHA = Range("C3").Value
VCLIENTE = Range("C5").Value
```

```
VASESOR = Range("C6").Value
VPRESTA = Range("C7").Value
VImporte = Range("C8").Value
Sheets("LISTA").Activate
        'memorización de la última celda con contenido
          If Sheets("LISTA").Range("A2").Value = "" Then
          Sheets("LISTA").Range("A2").Select
          Else
        'Situar el cursor en la primera celda vacía
         Posicion = Sheets("LISTA").Range("A1").End(xlDown).Address
         Sheets("LISTA").Range(Posicion).Offset(1, 0).Select
         End If
    'Memorización de los datos de la primera fila vacía
ActiveCell.Value = VFECHA
ActiveCell.Offset(0, 1).Value = UCase(VCLIENTE)
ActiveCell.Offset(0, 2).Value = UCase(VASESOR)
ActiveCell.Offset(0, 3).Value = UCase(VPRESTA)
ActiveCell.Offset(0, 4).Value = CCur(VImporte)
Sheets("ENTRADA").Activate
Mess = MsgBox("Actualización efectuada", vbInformacion, "PRESUPUESTO")
Range("C5:C8").ClearContents
End If
Application.ScreenUpdating = True
End Sub
```

5. Cambiar el tipo de gráfico al hacer clic

El principio

Aplique la modificación del tipo de gráfico correspondiente en función de la celda seleccionada por el usuario.

Las acciones

1. Pulse Alt F11 para abrir la ventana de Visual Basic Editor.
2. Haga clic con el botón derecho en la pestaña **Hoja1** (**Estad**) y seleccione **Ver Código**.
3. En la ventana de código, en la primera lista desplegable, seleccione **Worksheet** en lugar de **General** y en la segunda, compruebe que está seleccionado el procedimiento **SelectionChange**.
4. Escriba el código en el procedimiento **Worksheet_SelectionChange**.

PROCEDIMIENTOS DE EVENTOS

El código

```
Private Sub Worksheet_SelectionChange(ByVal Target As Range)
' En qué celda ha hecho clic el usuario
Select Case Target.Address
    Case Is = "$E$3"
    Vnum = 1
    Case Is = "$E$4"
    Vnum = 2
    Case Is = "$E$5"
    Vnum = 3
    Case Is = "$E$6"
    Vnum = 4
    Case Else
    Exit Sub
End Select
'Activar el gráfico
ActiveSheet.ChartObjects(1).Activate
'Cambiar el tipo de gráfico
If Vnum = 1 Or Vnum = 2 Or Vnum = 4 Then
ActiveChart.ChartType = Choose(Vnum, xlColumnClustered,
xlCylinderColClustered, xlConeCol, xlLine)
Else
ActiveChart.ChartType = xlArea
End If
Range("A1").Select
End Sub
```

PROCEDIMIENTOS DE EVENTOS

6. Colorear la fila con el cursor

Las acciones

1. Pulse Alt F11 para abrir la ventana de Visual Basic Editor.
2. Haga clic con el botón derecho en la pestaña **Hoja1** (**Hoja1**) y seleccione **Ver Código**.
3. En la ventana de código, en la primera lista desplegable, seleccione **Worksheet** en lugar de **General** y en la segunda, compruebe que está seleccionado el procedimiento **SelectionChange**.
4. Escriba el código en el procedimiento **Worksheet SelectionChange**.

El código

```
Private Sub Worksheet_SelectionChange(ByVal Target As Range)
If FilaAnterior >= 1 Then
 If Target.Row <> FilaAnterior Then
    Range("A" & FilaAnterior & ":H" & FilaAnterior & ",J" &
FilaAnterior & ":O" & FilaAnterior).Interior.ColorIndex = 0
    End If
End If
FilaAnterior = Target.Row
If Target.Row > 3 And Target.Row < 26 Then
Range("A" & Target.Row & ":H" & Target.Row & ",J" & Target.Row &
":O" & Target.Row).Interior.ColorIndex = 4
End If
End Sub
```

No olvide declarar Public la variable FilaAnterior:

```
Public LignePrecedente As Long
```

PROCEDIMIENTOS DE EVENTOS

7. Crear una copia de seguridad del libro

Las acciones

1. Pulse Alt F11 para abrir la ventana de Visual Basic Editor.
2. Haga clic con el botón derecho en la pestaña **ThisWorkbook**.
3. Seleccione **Ver Código**.
4. En la ventana de código, en la primera lista desplegable, seleccione **Worksbook** en lugar de **General** y en la segunda, compruebe que está seleccionado el procedimiento **BeforeClose**.
5. Escriba el código en el procedimiento **Workbook_BeforeClose**.

El código

```
Private Sub Workbook_BeforeClose(Cancel As Boolean)
Dim NomLibro As String
Application.DisplayAlerts = False
Nomlibro = "Seguimiento " & Format(Date, "yyyy-mm-dd") & "_" &
Format(Time, "hh-mm-ss")
ActiveWorkbook.SaveAs Filename:=ThisWorkbook.Path & "\" &
Nomlibro, FileFormat:=xlOpenXMLWorkbook
Application.DisplayAlerts = True
End Sub
```

8. Creación automática de un archivo PDF

El principio

Asigne una macro que se ejecute cuando el usuario marque la casilla. Si la celda vinculada (**N1**) contiene VERDADERO, genere el archivo PDF.

Las acciones

1. Haga clic con el botón derecho en la casilla que hay que marcar y seleccione **Asignar macro**.

   Seleccione **Casilla1_Haga_clic_en** y **Nuevo**.
2. Cree el procedimiento.

PROCEDIMIENTOS DE EVENTOS

El código

```
Sub Casilla1_Haga_clic_en()
Dim NomPDF As String
If Range("N1").Value = True Then
NomPDF = Year(Range("E4").Value) & "-" & Range("E3").Value & "-"
& Range("D6").Value
Range("A1:F35").Select
Selection.ExportAsFixedFormat Type:=xlTypePDF,
Filename:=ThisWorkbook.Path & "\" & NomPDF & ".pdf",
quality:=xlQualityStandard, from:=1, To:=1, OpenAfterPublish:=False
End If
Range("A1").Select
End Sub
```

9. Introducir datos sin duplicados

El principio

Asocie a la hoja un procedimiento de eventos.

Compruebe si el código introducido en **E1** ya figura en la lista de la columna **A**.

Las acciones

1. Pulse Alt F11 para abrir la ventana de Visual Basic Editor.
2. Haga clic con el botón derecho en la pestaña **Hoja1** (**Hoja1**) y seleccione **Ver código**.
3. En la ventana de código, en la primera lista desplegable, seleccione **Worksheet** en lugar de **General** y en la segunda, seleccione **Change**.
4. Escriba el código en el procedimiento **Worksheet change**.

El código

```
Private Sub Worksheet_Change(ByVal Target As Range)
Dim Vrango As Range
If Target.Address = Range("E1").Address And Range("E1").Value <> ""
Then
Vnum = Range("E1").Value
Set Vrango = Range("A2:A30000").Find(VNum,lookat:=xlWhole)
If Not Vrango Is Nothing Then
VrangoAdresse = Vrango.Address
```

PROCEDIMIENTOS DE EVENTOS

```
msg = MsgBox("El dorsal n° " & Vnum & " ya existe en "
& VrangoAdresse, vbCritical, "ENTRADA DE RESULTADOS")
Else
Derli = Range("A1").End(xlDown).Row + 1
Cells(Derli, 1) = Vnum
msg = MsgBox("El dorsal n° " & Vnum & " se ha añadido a la lista de
finishers.", vbInformation, " ENTRADA DE RESULTADOS")
End If
End If
End Sub
```

10. Aplicar formato automático de texto

El principio

Asocie a la hoja un procedimiento de eventos **SelectionChange**.

Aplique formato al texto que acaba de introducir.

Las acciones

1. Pulse Alt F11 para abrir la ventana de Visual Basic Editor.
2. Haga clic con el botón derecho en la pestaña **Hoja1** (**Entrada**) y seleccione **Ver código**.
3. En la ventana de código, en la primera lista desplegable, seleccione **Worksheet** en lugar de **General** y en la segunda, compruebe que **SelectionChange** está seleccionada.
4. Escriba el código en el procedimiento **Worksheet_SelectionChange**.

El código

```
Private Sub Worksheet_SelectionChange(ByVal Target As Range)
Dim NumLi As Long, LongitudPrimeraPalabra As Byte, txt As String
If Not Intersect(Target, Range("B2:B30")) Is Nothing Then
NumLi = ActiveCell.Row - 1
txt = Cells(Numli, 2).Value
Cells(Numli, 2).Value = UCase(Left(txt, 1)) & Mid(txt, 2)
LongitudPrimeraPalabra = InStr(1, txt, " ") - 1
Cells(NumLi, 2).Characters(1, LongitudPrimeraPalabra).Font.Bold = True
End If
End Sub
```

SOLUCIÓN 9

LOS FORMULARIOS

1. Botones de opción 202
2. Lista desplegable 205
3. Introducción de becarios 207
4. Cálculo de fechas 211
5. Selección de equipos para los partidos 213
6. Selección de equipos ocultos 217
7. Introducción de viajes 219
8. Imágenes en formulario 222
9. Lista filtrada por otra lista 226
10. Cálculo de costes de obras 229

LOS FORMULARIOS

1. Botones de opción

El principio

Abra Visual Basic para insertar un formulario.

Inserte los diferentes elementos del formulario.

Cree el código para esos elementos.

Inserte un módulo.

Cree una macro que permita ver el formulario.

Las acciones

1. Pulse Alt F11 para abrir la ventana **Visual Basic Editor**.
2. **Insertar - UserForm**

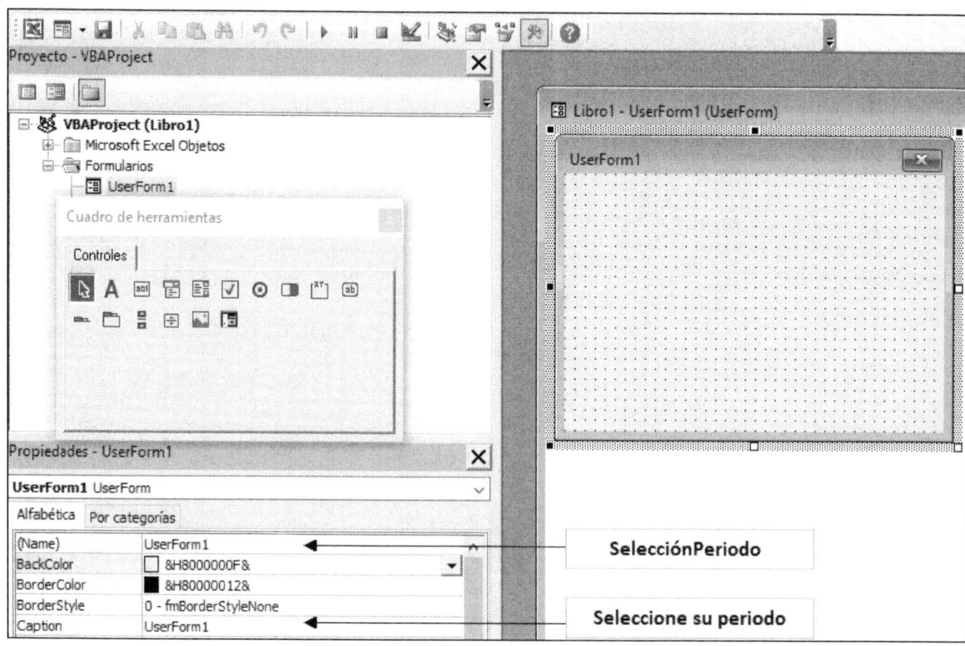

LOS FORMULARIOS

3. **Ver - Ventana Propiedades**, dé a la UserForm el nombre de **SeleccionPeriodo** y sustituya el título **UserForm1** (caption) por **Seleccione su periodo**.
4. A continuación, inserte los diferentes elementos: primero el marco, luego los cuatro botones de opción dentro del cuadro y, por último los dos botones de comando.

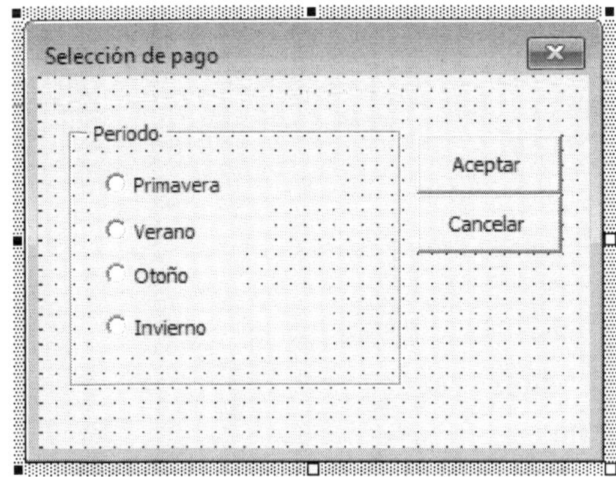

5. En la ventana **Propiedades** dé un nombre (propiedad **Name**) y un título (propiedad **Caption**) a cada elemento:

	NAME	CAPTION
Marco (Frame)	Periodo	Periodo
Botón Primavera (OptionButton)	Primavera	Primavera
Botón Verano (OptionButton)	Verano	Verano
Botón Otoño (OptionButton)	Otoño	Otoño
Botón Invierno (OptionButton)	Invierno	Invierno
Botón Aceptar (CommandButton)	Aceptar	Aceptar
Botón Cancelar (CommandButton)	Cancelar	Cancelar

6. Haga doble clic en el botón **Aceptar** para definir el código vinculado al botón.

LOS FORMULARIOS

El código del botón Aceptar

```
Private Sub Aceptar_Click()
SeleccionPeriodo.Hide

If Periodo.Primavera Then
MsgBox "HA ELEGIDO EL PERIODO PRIMAVERA."
Else
    If Periodo.VERANO Then
    MsgBox "HA ELEGIDO EL PERIODO VERANO."
    Else
        If Periodo.OTOÑO Then
        MsgBox "HA ELEGIDO EL PERIODO OTOÑO."
        Else
        MsgBox "HA ELEGIDO EL PERIODO INVIERNO."
        End If
    End If
End If
End Sub
```

7. En el panel derecho, haga doble clic en el nombre del formulario **SeleccionPeriodo** para volver a modo Diseño del formulario.
8. Haga doble clic en el botón **Cancelar** para definir el código vinculado al botón.

El código del botón Cancelar

```
Private Sub Cancelar_Click()
SeleccionPeriodo.Hide
End Sub
```

9. Inserte un módulo: **Insertar - Módulo**.
10. Cree la macro de vista del formulario.

El código de la macro de vista del formulario

```
Sub SeleccionarPeriodo()
SeleccionPeriodo.Show
End Sub
```

11. Por último, cree en la hoja de cálculo Excel un botón que permita iniciar la macro.

LOS FORMULARIOS

2. Lista desplegable

El principio

Abra Visual Basic e inserte un formulario.

Inserte el cuadro de lista y los dos botones de comando.

Cree el código que permita "alimentar" la lista.

Cree el código de los dos botones de comando.

Inserte un módulo.

Cree una macro que permita mostrar el formulario.

Las acciones

1. Pulse Alt F11 para abrir la ventana **Visual Basic Editor**.
2. **Insertar - UserForm**
3. Inserte el cuadro de lista y los dos botones.

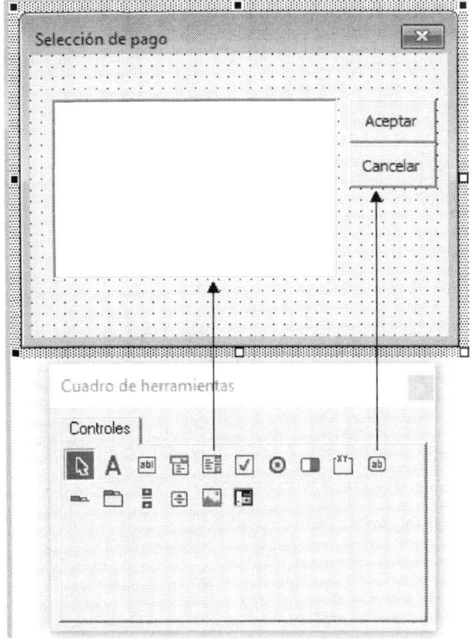

LOS FORMULARIOS

4 En la ventana **Propiedades**, dé un nombre y un título a cada elemento:

	NAME	CAPTION
Formulario (UserForm)	EleccionPago	Selección del pago
Lista (ListBox)	Lista	
Botón Aceptar (CommandButton)	Aceptar	Aceptar
Botón Cancelar (CommandButton)	Cancelar	Cancelar

5 Cree el código asociado a la activación del formulario: haga clic con el botón derecho sobre el nombre del formulario y seleccione **Código** para acceder al código del formulario.

Código ejecutado al activar el formulario

```
Private Sub UserForm_Activate()
' definición de la dirección de la última celda de la lista en la variable UltimoTipo
' esto permite que se tenga en cuenta automáticamente el añadido de nuevos tipos
UltimoTipo = Range("A1").End(xlDown).Address
' definición de los elementos constitutivos de la lista desplegable
' todas las celdas A1 en UltimoTipo
Lista.RowSource = "A1:" & UltimoTipo
' selección de forma predeterminada del primer elemento de la lista
Lista.ListIndex = 0
End Sub
```

Código de los dos botones

6 Haga doble clic en el botón **Cancelar** para crear el código.

```
Private Sub Cancelar_Click()
EleccionPago.Hide
End Sub
```

7 A continuación, introduzca el código del botón **Aceptar**.

LOS FORMULARIOS

```
Private Sub Aceptar_Click()
EleccionPago.Hide
' memorización del número(num) del elemento seleccionado en la lista
Num = Lista.ListIndex
' introducción en D5 del tipo número num de la lista
Range("D1").Value = Lista.List(Num)
End Sub
```

8 Inserte un módulo: **Insertar - Módulo**, y cree la macro de vista del formulario.

Código de la macro de vista del formulario

```
Sub VerSeleccion()
EleccionPago.Show
End Sub
```

9 Por último cree en la hoja de cálculo Excel un botón que permita iniciar la macro.

3. Introducción de becarios

El principio

Abra Visual Basic e inserte un formulario.

Inserte los diferentes elementos en el formulario.

Cree el código que permita «alimentar» las listas.

Cree el código de los dos botones de comando.

Inserte un módulo.

Cree una macro que permita mostrar el formulario.

Las acciones

1 Pulse Alt F11 para abrir la ventana **Visual Basic Editor**.

2 **Insertar - UserForm**

3 Inserte los cuadros de lista, los cuadros de texto y los dos botones de comando.

LOS FORMULARIOS

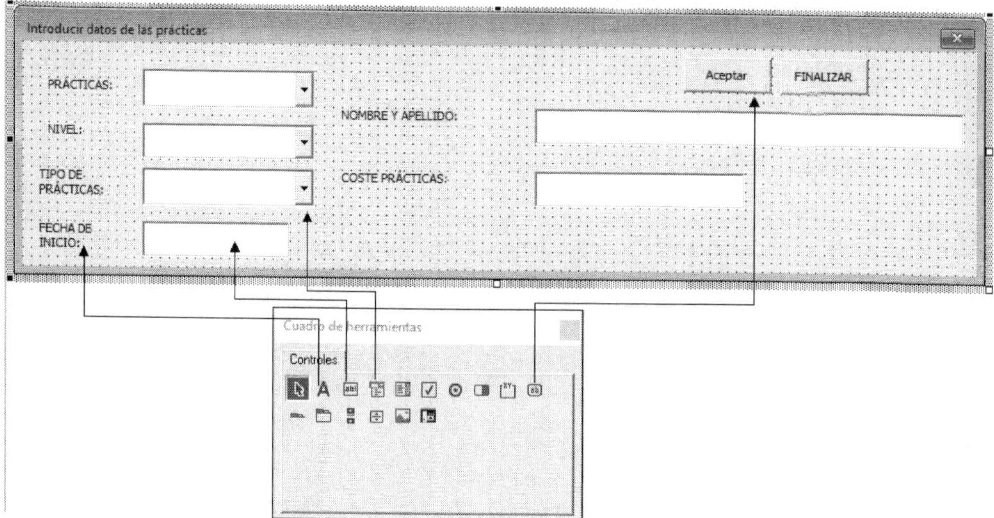

4 En la ventana **Propiedades**, asigne un nombre y un título a cada elemento:

	NAME	CAPTION
Formulario (UserForm)	IntroInfo	Introducir datos de las prácticas
Lista PRÁCTICAS (lISTbOX)	Practicas	
Lista NIVEL (ListBox)	Nivel	
Lista TIPO DE PRÁCTICAS (ListBox)	TipoPracticas	
TextBox Apellido y Nombre	ApellidoNombre	
TextBox FECHA DE INICIO	FechaInicio	
TextBox PRECIO PRÁCTICAS	PrecioPracticas	
Botón ACEPTAR (CommandButton)	ACEPTAR	Aceptar
Botón FINALIZAR (CommandButton)	FINALIZAR	Finalizar

LOS FORMULARIOS

5 Cree el código asociado a la activación del formulario: en el panel de la izquierda, haga clic con el botón derecho sobre el nombre del formulario y seleccione **Código**.

```
Private Sub userform_Activate()
' alimentar la lista Prácticas
UltPracticas = Range("G2").End(xlDown).Address
Practicas.RowSource = "G2:" & UltPracticas
Practicas.ListIndex = 0
'alimentar la lista Nivel
UltNivel = Range("H2").End(xlDown).Address
Nivel.RowSource = "H2:" & UltNivel
Nivel.ListIndex = 0
' alimentar la lista TipoPracticas
UltTipo = Range("I2").End(xlDown).Address
Tipo.RowSource = "I2:" & UltTipo
Tipo.ListIndex = 0
End Sub
```

6 Haga doble clic en el botón **Aceptar** para crear el código asociado al botón.

Código asociado el botón Aceptar

```
Private Sub Aceptar_Click()
'Verificación de la entrada de las diversas informaciones
If ApellidoNombre = "" Or FechaInicio = "" Or PrecioPracticas = "" Then
MsgBox "INTRODUZCA TODA LA INFORMACIÓN"
Else ' Selección de la hoja Datos
Sheets("Inscritos").Select
' si la base de datos está vacía, introducir informaciones
a partir de A2
If Range("a2").Value = "" Then
Desplazamiento = 0
Range("a2").Select
Else
' Posición del cursor en la primera celda vacía
Desplazamiento = 1
Posicion = Range("A1").End(xlDown).Row + 1
Range(Posicion).Select
Range("A1").End(xlDown).Select
End If
' actualización la base de datos
```

LOS FORMULARIOS

```
ActiveCell.Offset(Desplazamiento, 0).Range("a1").Select
ActiveCell.Value = Stage
ActiveCell.Offset(0, 1).Range("a1").Select
ActiveCell.Value = Nivel
ActiveCell.Offset(0, 1).Range("a1").Select
ActiveCell.Value = UCase(ApellidoNombre)
ActiveCell.Offset(0, 1).Range("a1").Selec
ActiveCell.Value = TipoPracticas
ActiveCell.Offset(0, 1).Range("a1").Select
ActiveCell.Value = CFecha(FechaInicio.Value)
ActiveCell.Offset(0, 1).Range("a1").Select
ActiveCell.Value = CPrec(PrecioPracticas)
' vuelta a la hoja Listas
Sheets("Listas").Select
ApellidoNombre = ""
FechaInicio = ""
PrecioPracticas = ""
End If
End Sub
```

7. A continuación, cree el código del botón **Finalizar**.

El código del botón Finalizar

```
Private Sub FINALIZAR_Click()
IntroInfo.Hide
End Sub
```

8. Inserte en un módulo el código de vista del formulario.

El código del botón de vista del formulario

```
Sub ver()
IntroInfo.Show
End Sub
```

LOS FORMULARIOS

4. Cálculo de fechas

El principio

Cree el formulario e inserte en él los diferentes componentes.

Asocie un procedimiento a los botones **CALCULAR** y **FINALIZAR**.

Cree una macro que permita ver el formulario y asóciele un botón.

Las acciones

1. Teclee Alt F11 para abrir la ventana **Visual Basic Editor**.
2. **Insertar - UserForm**
3. Inserte los cuatro cuadros de texto, los cuatro títulos y los dos botones.

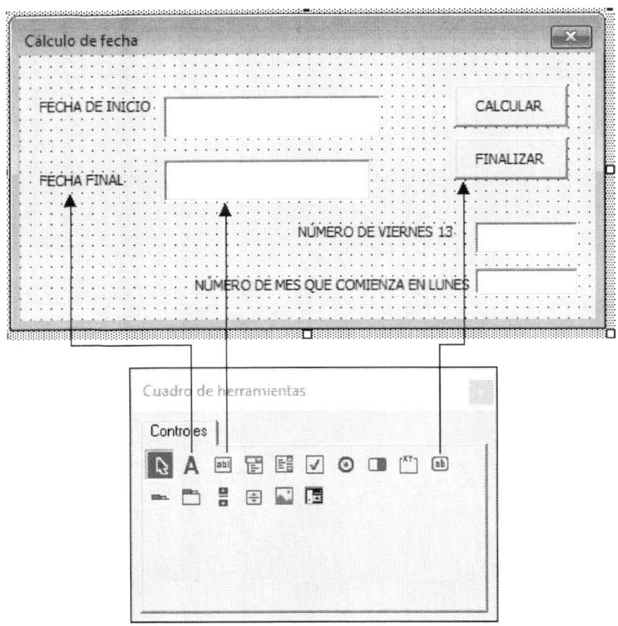

LOS FORMULARIOS

4 En la ventana **Propiedades**, asigne un nombre y un título a cada elemento:

	NAME	CAPTION
Formulario (UserForm)	CalculosFechas	Cálculos de fechas
Cuadro de texto *Fecha de inicio* (TextBox)	Principio	
Cuadro de texto *Fecha de final* (TextBox)	Fin	
Cuadro de texto *Num Viernes 13* (TextBox)	NumViernes13	
Cuadro de texto *Num de meses que comienzan en lunes* (TextBox)	NumMesLunes	
Botón CALCULAR (CommandButton)	Calcular	CALCULAR
Botón FINALIZAR (CommandButton)	FINALIZAR	FINALIZAR

5 Doble clic en el botón **FINALIZAR** para crear el código asociado al botón.

El código del botón FINALIZAR

```
Private Sub FINALIZAR_Click()
CalculosFechas.Hide
End Sub
```

6 A continuación, cree el código del botón **CALCULAR**.

Principio del botón CALCULAR

El principio es crear un bucle que recorrerá todas las fechas entre la fecha de principio y la de final. Cada fecha se comprobará para determinar si corresponde a un viernes 13 o a un primer día del mes en lunes.

El código del botón CALCULAR

```
Private Sub Calcular_Click()
Dim DateVar As Date
Domingo = 0
NumViernes13 = 0
NumMesLunes = 0
DateVar = Principio
' Inicio del bucle de principio a fin
While DateVar <= Fin
```

```
' si la fecha es un lunes y el primer día del mes
    If Weekday(DateVar) = 2 And Day(DateVar) = 1 Then
    NumMesLunes = NumMesLunes + 1
    End If
'si la fecha es un viernes 13
If Weekday(DateVar) = 6 And Day(DateVar) = 13 Then
    NumViernes13 = NumViernes13 + 1
    End If

DateVar = DateVar + 1
Wend
End Sub
```

7. Inserte en un módulo el código de vista del formulario.

```
Sub vista()
CalculosFechas.Show
End Sub
```

8. Cree en la hoja de cálculo un botón que permita ejecutar la macro.

5. Selección de equipos para los partidos

El principio

Cree el formulario.

Cree dos procedimientos, uno para seleccionar el primer equipo y otro para seleccionar los siguientes.

Asocie un procedimiento a los botones **ACEPTAR** y **CANCELAR**.

Cree los dos botones macro para ver el formulario y asócielos a un botón.

Las acciones

1. Teclee Alt F11 para abrir la ventana **Visual Basic Editor**.
2. **Insertar - UserForm**
3. Inserte los diferentes elementos.

LOS FORMULARIOS

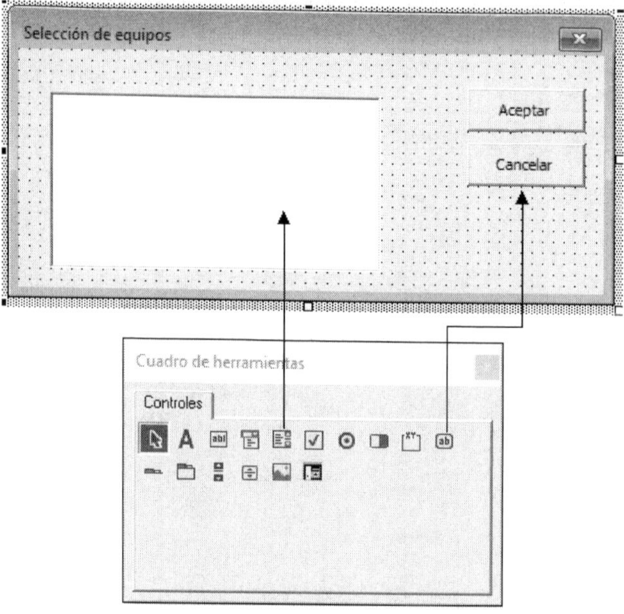

4 En la ventana **Propiedades**, asigne un nombre y un título a cada elemento:

	NAME	CAPTION
Formulario (UserForm)	EleccionEquipo	Selección de los equipos
Cuadro de lista (ListBox)	Lista	
Botón ACEPTAR (CommandButton)	Aceptar	Aceptar
Botón CANCELAR (CommandButton)	Cancelar	Cancelar

5 Haga doble clic en el formulario para crear el código asociado.

LOS FORMULARIOS

El código de activación del formulario

```
Private Sub userform_Activate()
Dim NumEquipos As Integer

' Contar el número de equipos
With Application.WorksheetFunction
NumEquipos = .CountA(ActiveSheet.Range("A1:A500"))
End With
'Volver a poner en blanco la lista
Lista.Clear
' Alimentar la lista
Range("A1").Select
For i = 1 To NumEquipos
' El equipo no ha sido seleccionado aún
    If ActiveCell.Offset(0, 1).Value <> "X" Then
        With Lista
        .AddItem Sheets("Equipos").Range("A" & i)
        End With
    End If
ActiveCell.Offset(1, 0).Select
Next i
Lista.ListIndex = 0
End Sub
```

El código del botón ACEPTAR

```
Private Sub Aceptar Click()
Dim NumEquipos As Integer, Num As Integer, NumLi As Integer, NumCol
As String, Varfila As Byte
EleccionEquipo.Hide
NumEquipos = NumEquipos + 1
' Num = número del elemento seleccionado en la lista
Num = Lista.ListIndex
' Marcar la casilla del elemento seleccionado
NumLi = Application.Match(Lista.List(Num), Range("A1:A20"), 0)
Range("B" & NumLi).Value = "X"
If NumEquipos Mod 2 = 0 Then
NumCol = "D"
Varfila = 0
```

```
Else
NumCol = "C"
Varfila = 1
End If
Range(NumCol & (Int(NumEquipos / 2) + Varfila + 1)).Select
ActiveCell.Value = Lista.List(num)
End Sub
```

6. A continuación, introduzca el código vinculado al botón **CANCELAR**.

El código del botón CANCELAR

```
Private Sub Cancelar_Click()
EleccionEquipo.Hide
End Sub
```

El código de la macro de selección del primer equipo

7. Inserte en un módulo:

```
Sub Principio()
NumEquipos = 0
Range("B1:B12").ClearContents
Range("C2:D11").ClearContents
EleccionEquipos.Show
End Sub
```

El código de la macro de selección de los equipos siguientes

8. Inserte en un módulo:

```
Sub Siguientes()
EleccionEquipo.Show
End Sub
```

9. No olvide declarar la variable pública **NumEquipos** en la parte de declaraciones del módulo.

```
Public NumEquipos As Integer
```

10. Inserte en un módulo:

```
Sub vista()
```

LOS FORMULARIOS

```
EleccionEquipo.Show
End Sub
```

6. Selección de equipos ocultos

El principio

Abra el libro del ejercicio anterior y guárdelo modificando el nombre.

Modifique la organización de las columnas en la hoja de cálculo **Equipos** y duplique las columnas A, B y C del archivo descargado **06-SelecciónEquipos2**.

Modifique el procedimiento de los botones **ACEPTAR** y **Seleccionar primer equipo**.

El código de la macro de selección del primer equipo

```
Sub Principio()
NumEquipos = 0
Range("E2:F50").ClearContents
Range("B1:B100").ClearContents
EleccionEquipo.Show
End Sub
```

El código del botón Aceptar

```
Private Sub Aceptar_Click()
Dim NumEquipos As Integer, Num As Integer, NumCol As String, Varfila
as Byte
EleccionEquipo.Hide
NumEquipos = NumEquipos + 1
' Num = número del elemento seleccionado en la lista
num = Lista.ListIndex
' Marcar la casilla del equipo seleccionado
NumLi = Application.Match(Lista.List(Num), Range("A1:A20"), 0)
Range("B" & NumLi).Value = "X"

If NumEquipos Mod 2 = 0 Then
NumCol = "F"
Varfila = 0
Else
NumCol = "E"
```

```
Varfila = 1
End If
Range(NumCol & (Int(NumEquipos / 2) + Varfila + 1)).Select
ActiveCell.Value = WorksheetFunction.VLookup(Lista.List(num),
Range("A1:C20"), 3)
End Sub
```

A continuación inserte el código vinculado al botón **CONCELAR**

El código de activación del formulario

```
Private Sub userform_Activate()
Dim NumEquipos As Integer
' Contar el número de equipos
With Application.WorksheetFunction
NumEquipos = .CountA(ActiveSheet.Range("A1:A500"))
End With
'Volver a poner en blanco la lista
Lista.Clear
' Alimentar la lista
Range("J1").Select
For i = 1 To NumEquipos
    If ActiveCell.Offset(0, 1).Value <> "X" Then
        With List
       .AddItem Sheets("Equipos").Range("A" & i)
        End With
    End If
ActiveCell.Offset(1, 0).Select
Next i
Lista.ListIndex = 0
End Sub
```

LOS FORMULARIOS

7. Introducción de viajes

El principio

Cree el formulario.

Inserte los diferentes elementos del formulario.

Cree los dos botones **Aceptar** y **Cancelar**.

Inicialice el cuadro de lista.

Asocie un procedimiento a los botones **Aceptar** y **Cancelar**.

Cree una macro para mostrar el formulario y asóciele un botón.

Las acciones

1. Pulse Alt F11 para abrir la ventana **Visual Basic Editor**.
2. **Insertar - UserForm**
3. Inserte los diferentes elementos.

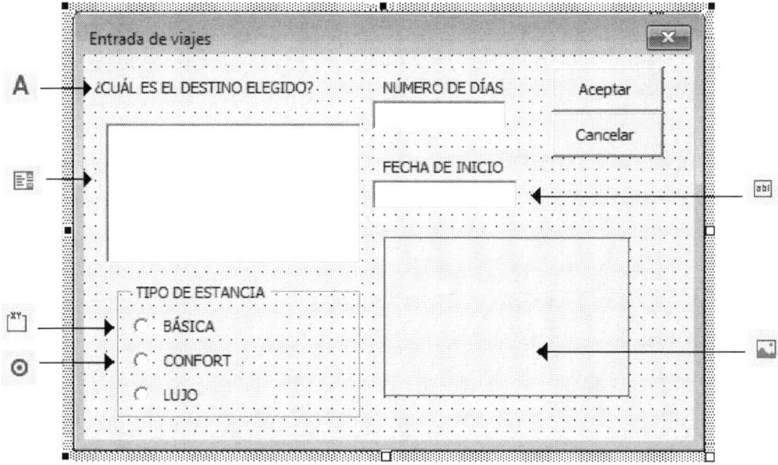

LOS FORMULARIOS

4 En la ventana **Propiedades**, asigne un nombre y un título a cada elemento :

	NAME	CAPTION
Formulario (UserForm)	FormViajes	Entrada de viajes
ListBox	Lista	
OptionButton 1	Básico	BÁSICO
OptionButton 2	Confort	CONFORT
OptionButton 3	Lujo	LUJO
TextBox NÚMERO DE DÍAS	DuracionEstancia	
TextBox Fecha de inicio	FechaInicio	
DTPicker Fecha de inicio	Inicio	
Botón ACEPTAR (CommandButton)	ACEPTAR	ACEPTAR
Botón CANCELAR (CommandButton)	CANCELAR	CANCELAR
Marco	SeleccionEstancia	Tipo de estancia

5 En el panel izquierdo, haga clic con el botón derecho sobre el nombre del formulario y después haga clic en **Código**.

El código de activación del formulario

```
Private Sub userform_Activate()
Dim FechaSalida As Date, DuracionViaje As Byte
SeleccionEstancia.Basica = False
SeleccionEstancia.Confort = False
SeleccionEstancia.Lujo = False
Gasto = 0
UltimoViaje = Range("A1").End(xlDown).Address
Lista.RowSource = "A1:" & UltimoViaje
Lista.ListIndex = 0
DuracionViaje = 0
FechaSalida = Fecha
' Mostrar el camino de la imagen para adaptar
Logo.Picture = LoadPicture("D:\ENI\VBAExcel\Logo.jpg")
End Sub
```

6 Haga doble clic en el botón **Cancelar** para introducir el código.

LOS FORMULARIOS

El código del botón Cancelar

```
Private Sub Cancelar_Click()
FormViajes.Hide
End Sub
```

7 A continuación introduzca el código del botón **Aceptar**.

El código del botón Aceptar

```
Private Sub Aceptar_Click()
FormViajes.Hide
Index = List.ListIndex
If SeleccionEstancia.Basica = False And SeleccionEstancia.Confort =
False And SeleccionEstancia.Lujo = False Then
MsgBox "TIPO DE ESTANCIA NO SELECCIONADO"
FormViajes.Show
Else
If DuracionEstancia = 0 Then
MsgBox "DURACION ESTANCIA NO INDICADA"
DosOpciones.Show
Else
    If SeleccionEstancia.Basica Then
    Client = "Básica"
    Else
            If SeleccionEstancia.Confort Then
            Client = "Confort"
            Else
            Client = "Lujo"
            End If
    End If
' Posicionamiento del cursor en la primera celda vacía de
' de la hoja Datos
Sheets("Datos").Select
If Range("A2").Value = "" Then
desplazamiento = 0
Range("A2").Select
Else
desplazamiento = 1
Posicion  = Range("A1").End(xlDown).Adress
Range(Posicion).Select
```

```
Range("A1").End(xlDown).Select
End If
' Actualización de la base de datos
ActiveCell.Offset(desplazamiento, 0).Range("a1").Select
ActiveCell.Value = Client
ActiveCell.Offset(0, 1).Range("a1").Select
ActiveCell.Value = Lista.List(Index)
ActiveCell.Offset(0, 1).Range("a1").Select
ActiveCell.Value = CCur(DuracionEstancia)
ActiveCell.Offset(0, 1).Range("a1").Select
ActiveCell.Value = CDate(FechaSalida)
End If
End If
End Sub
```

8 Inserte un módulo e introduzca el código de la macro que muestra el formulario.

El código de la macro de vista del formulario

```
Sub Viajes()
FormViajes.Show
End Sub
```

8. Imágenes en formulario

El principio

Cree el formulario.

Inserte la lista (ListBox), el cuadro de texto y el control Imagen.

Cree el botón **Finalizar**.

Inicie la lista.

Asocie un procedimiento al cambio de la lista.

Cree una macro para mostrar el formulario y asóciele un botón.

LOS FORMULARIOS

Las acciones

Es importante situar las imágenes en una misma carpeta (aquí, C:\Images\VBA).

1. Pulse Alt F11 para abrir la ventana Visual Basic Editor.
2. **Insertar - UserForm**
3. Inserte los diferentes elementos.

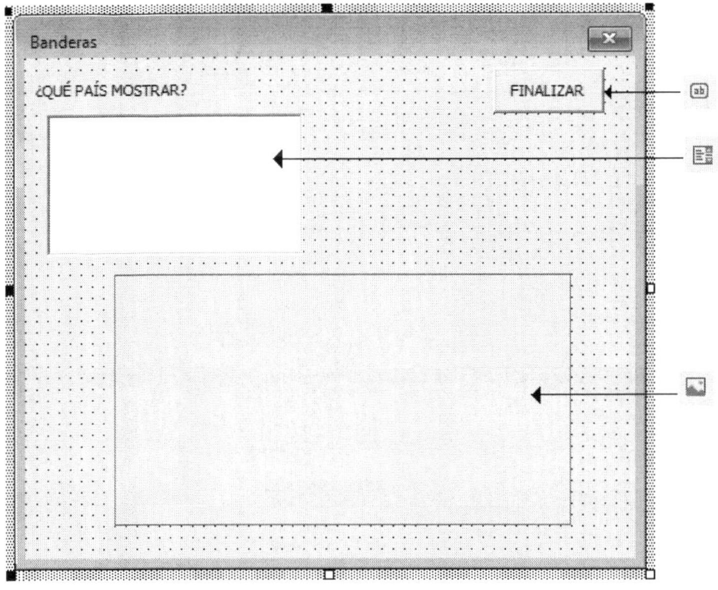

Al insertar el cuadro Imagen, este aparecerá con un fondo gris. A continuación detallamos el procedimiento para dotarlo de un fondo blanco.

LOS FORMULARIOS

4 En la ventana **Propiedades**, asigne un nombre y un título a cada elemento :

	NAME	CAPTION
Formulario (UserForm)	FormImagenes	Banderas
ListBox	Lista	
TextBox Altitud	Altitud	
Cadre Imagen	Foto	
CommandButton FINALIZAR	FINALIZAR	FINALIZAR

5 Configure el control **Imagen** como se muestra a continuación:

Configuración del control Image

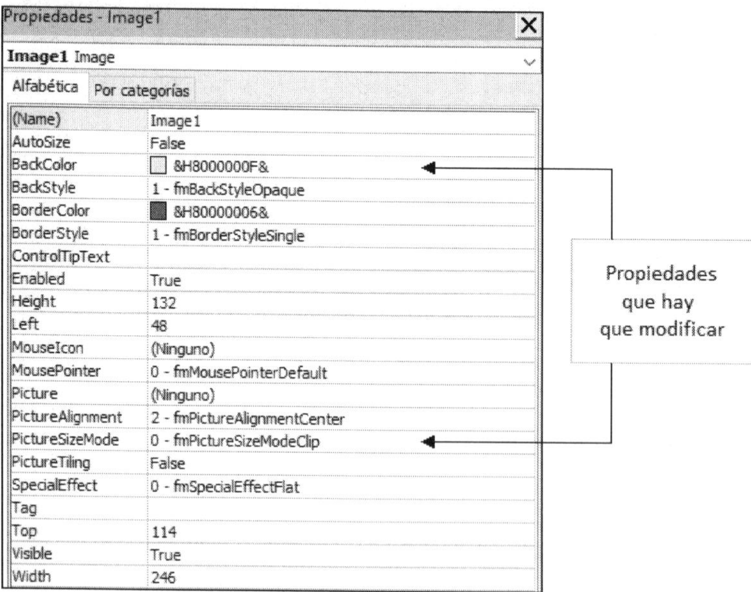

6 En el panel izquierdo, haga clic con el botón derecho sobre el nombre del formulario y seleccione **Código**.

LOS FORMULARIOS

El código de activación del formulario

```
Private Sub userform_Activate()
UltimaImagen = Range("País!A1").End(xlDown).Address
Lista.RowSource = "País!A1:" & UltimaImagen
Lista.ListIndex = 0
End Sub
```

7 Haga doble clic en la lista desplegable para introducir el código.

El código asociado a la lista desplegable

```
Private Sub Lista_change()
Index = Lista.ListIndex
' Camino hacia el archivo
Foto.Picture = LoadPicture("C:\ImagesVBA\" & Lista.List(Index)
& ".jpg")
End Sub
```

8 A continuación, introduzca el código del botón **FINALIZAR**.

El código del botón FINALIZAR

```
Private Sub FINALIZAR_Click()
FormImagenes.Hide
End Sub
```

9 Inserte un módulo para introducir el código de vista del formulario.

El código de la macro de vista del formulario

```
Sub VerImagenes()
FormImagenes.Show
End Sub
```

LOS FORMULARIOS

9. Lista filtrada por otra lista

El principio

Cree el formulario.

Inserte la dos listas (ComboBox).

Cree los dos botones **Aceptar** y **Cancelar**.

Inicie la primera lista al activar el formulario.

Inicie la segunda lista en función de la selección efectuada en la primera.

Asocie un procedimiento a los botones **Aceptar** y **Cancelar**.

Cree una macro para ver el formulario y asóciele un botón.

Las acciones

1. Pulse Alt F11 para abrir la ventana Visual Basic Editor.
2. **Insertar - UserForm**
3. Inserte los diferentes elementos.

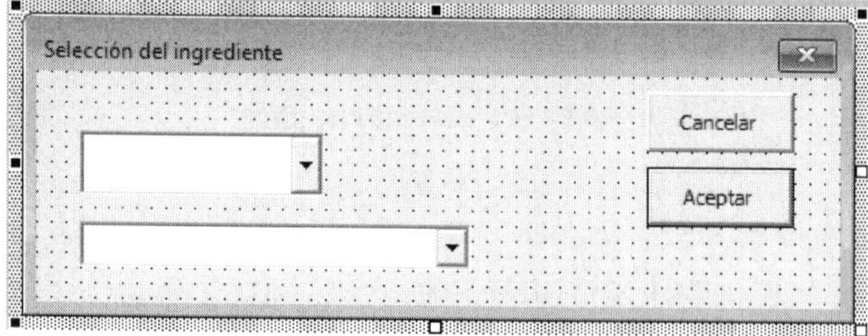

LOS FORMULARIOS

4 Asigne un nombre y un título a cada elemento:

	NAME	CAPTION
Formulario (UserForm)	SelecIngrediente	Selección del ingrediente
ComboBox 1	Categoria	
ComboBox 2	Ingrediente	
CommandButton Cancelar	Cancelar	Cancelar
CommandButton Aceptar	Aceptar	Aceptar

5 En el panel izquierdo, haga clic con el botón derecho sobre el nombre del formulario y seleccione **Código**.

El código de activación del formulario

```
Private Sub userform_Activate()
' definición de las coordenadas de la última Categoría de la lista
UltimaCategoria = Range("E2").End(xlDown).Address
' atribución de los datos de origen a la  ComboBox Categoría
Categoria.RowSource = "E2:" & UltimaCategoría
' selección predeterminada del primer elemento de la lista
Categoria.ListIndex = 0
End Sub
```

6 Haga doble clic en la primera lista para introducir el código.

Código a ejecutar cuando el usuario efectúa una elección en la primera lista

```
Private Sub Categoria_Change()
' recuperar en una variable Position el número del elemento
' seleccionado en la ComboBox Categoria
Position = Categoria.ListIndex
' como el primer elemento tiene valor 0, añadir a la variable
position
Num = Position + 1
' definir una variable columna "a elegir" entre F, G H y I
en función del número num
columna = Choose(Num, "F", "G", "H", "I")
```

LOS FORMULARIOS

```
' definir la dirección del último Ingrediente en la COLUMNA
UltimoIngrediente = Range(columna & "2").End(xlDown).Address
' atribuir datos origen a la ComboBox Ingrediente
Ingrediente.RowSource = columna & "2:" & UltimoIngrediente
' seleccionar de forma predeterminada el primer elemento de la lista
Ingrediente.ListIndex = 0
End Sub
```

7 A continuación, introduzca los códigos de los botones **Aceptar** y **Cancelar**.

El código del botón Aceptar

```
Private Sub ACEPTAR_Click()
SelecIngrediente.Hide
' memorizar los números de los elementos seleccionados de la lista
IndexCategoria = Categoria.ListIndex
IndexIngrediente = Ingrediente.ListIndex
' introducir la Categoria e Ingrediente seleccionados en A2 y B2
Range("A2").Value = Categoria.List(IndexPais)
Range("B2").Value = Ingrediente.List(IndexIngrediente)
End Sub
```

El código del botón Cancelar

```
Private Sub Cancelar_Click()
SelecIngrediente.Hide
End Sub
```

8 Inserte un módulo para introducir la macro de vista del formulario.

La macro de vista del formulario

```
Sub vista()
SelecIngrediente.Show
End Sub
```

LOS FORMULARIOS

10. Cálculo de costes de obras

El principio

Cree el formulario.

Inserte las dos listas (ComboBox).

Inserte los tres cuadros de texto (TextBox).

Inserte la casilla (CheckBox).

Cree el botón **CERRAR**.

Inicialice las dos listas.

Asocie un procedimiento al botón **CERRAR**.

Cree una macro para ver el formulario y asóciele un botón.

Las acciones

1. Teclee Alt F11 para abrir la ventana Visual Basic Editor.
2. **Insertar - UserForm**
3. A continuación, inserte los diferentes elementos.

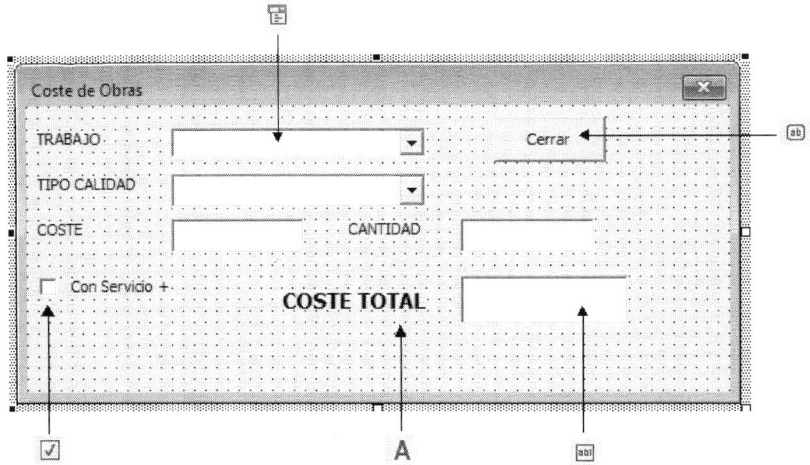

LOS FORMULARIOS

La fuente y el tamaño pueden modificarse con la propiedad **Font** del elemento seleccionado.

4 En la ventana **Propiedades**, asigne un nombre y un título a cada elemento :

	NAME	CAPTION
Formulario (UserForm)	Obras	Coste de obras
ComboBox 1	ListaObras	
ComboBox 2	ListaCalidad	
TextBox Coste	Coste	
TextBox Cantidad	Cantidad	
TextBox Coste	CosteTotal	
CheckBox Servicio +	ServicioPlus	Con Servicio+
CommandButton Cancelar	Cerrar	Cerrar

El código de activación del formulario

```
Private Sub userform_Activate()
' definición de la última celda que contiene un tipo de trabajo
UltimaObra = Range("B3").End(xlDown).Address
' definición de la última celda que contiene el tipo de calidad
UltimaCalidad = Range("I3").End(xlDown).Address
' configuración de las dos listas
ListaObras.RowSource = "B3:" & UltimaObra
ListaCalidad.RowSource = "I3:" & UltimaCalidad
' vista del primer tipo de trabajo y del primer tipo de calidad
ListaObras.ListIndex = 0
ListaCalidad.ListIndex = 0
ServicioPlus.Value = False
End Sub
```

LOS FORMULARIOS

El código asociado a cada control del formulario

En cuanto se modifique uno de los controles, ejecute un procedimiento de cálculo para actualizar el coste total.

```
Private Sub ListaObras_Change()
If ListaObras.ListIndex <> -1 Then Calcul
End Sub

Private Sub ListaCalidad_Change()
If ListaCalidad.ListIndex <> -1 Then Calcul
End Sub

Private Sub Cantidad_Change()
Calcul
End Sub

Private Sub ServicioPlus_Click()
Calcul
End Sub
```

El código de la macro de cálculo

```
Sub Calcul()
'atribución en las 2 variables de los números de las opciones seleccionadas
' en cada lista
IndiceObra = Obras.ListaObras.ListIndex
IndiceCalidad = Obras.ListaCalidad.ListIndex
' cálculo y visualización del coste
If IndiceObras <> -1 And IndiceCalidad <> -1 Then
Obras.Coste = WorksheetFunction.Index(Range("C3:E14"),
IndiceObras + 1, IndiceCalidad + 1)
End If
' cálculo y visualización del coste total
If IsNumeric(Obras.Cantidad) Then
    If Obras.ServiciePlus = True Then
    CosteServicioPlus = 1.1
    Else
    CosteServicioPlus = 1
    End If
Obras.CosteTotal = Format(CCur(Obras.Coste * Obras.Cantidad *
CosteServicioPlus), "# ##0 €")
```

```
End If

End Sub
```

El código del botón Cancelar

```
Private Sub Cerrar_Click()
Obras.Hide
End Sub
```

El código de la macro de visualización del formulario

```
Sub Conversion()
Obras.Show
End Sub
```

Para poder acceder durante un año
a la versión online de este libro,
envíenos su justificante de compra a

librodigital@ediciones-eni.com

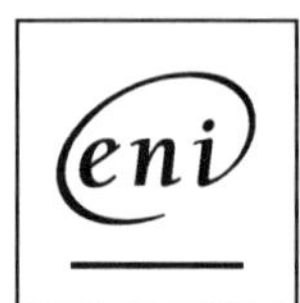